北大经院论丛【第九辑】

北大经院论丛【第九辑】

构建新发展格局 推动高质量发展

张辉 等◎著

图书在版编目(CIP)数据

构建新发展格局，推动高质量发展/张辉等著. —北京：北京大学出版社，2023.12
ISBN 978-7-301-34753-9

Ⅰ.①构⋯ Ⅱ.①张⋯ Ⅲ.①中国经济—经济发展—研究 Ⅳ.①F124

中国国家版本馆 CIP 数据核字(2024)第 017136 号

书　　　名	构建新发展格局，推动高质量发展 GOUJIAN XINFAZHAN GEJU，TUIDONG GAOZHILIANG FAZHAN
著作责任者	张　辉　等著
责 任 编 辑	余秋亦　任京雪
标 准 书 号	ISBN 978-7-301-34753-9
出 版 发 行	北京大学出版社
地　　　址	北京市海淀区成府路 205 号　100871
网　　　址	http://www.pup.cn
微信公众号	北京大学经管书苑（pupembook）
电 子 邮 箱	编辑部 em@pup.cn　总编室 zpup@pup.cn
电　　　话	邮购部 010-62752015　发行部 010-62750672　编辑部 010-62752926
印 刷 者	北京鑫海金澳胶印有限公司
经 销 者	新华书店
	720 毫米×1020 毫米　16 开本　12.75 印张　195 千字 2023 年 12 月第 1 版　2023 年 12 月第 1 次印刷
定　　　价	68.00 元

未经许可，不得以任何方式复制或抄袭本书之部分或全部内容。
版权所有，侵权必究
举报电话：010-62752024　电子邮箱：fd@pup.cn
图书如有印装质量问题，请与出版部联系，电话：010-62756370

序言　构建新发展格局，推动高质量发展

张　辉

自 2014 年以来，北京大学经济学院每年"两会"期间都组织本院专家学者针对《政府工作报告》和"两会"经济热点问题开展解读评述，形成了具有广泛影响力的"两会笔谈"品牌，成为研究"两会"经济热点、分析国民经济现状、提供相关政策意见的重要思想阵地。2022 年"两会"期间，北大经济学院"两会笔谈"如期举办，专家学者们紧扣"两会"脉搏，聚焦 2022 年《政府工作报告》，根据党的十九大、党的十九届历次全会、中央经济工作会议精神和国家"十四五"规划，坚持以问题为导向，围绕新时代中国特色社会主义、新发展阶段、高质量发展等重大理论和现实问题展开讨论。

2021 年，我国沉着应对百年变局和世纪疫情，构建新发展格局迈出新步伐，高质量发展取得新成效，实现了"十四五"的良好开局。我国经济发展有很多有利条件，经济韧性强、潜力大，拥有完整的产业体系，丰富的人力资源，便利的基础设施，特别是有党中央的坚强领导，有百年奋斗的智慧经验，我国经济持续恢复发展的态势不会改变，长期向好的基本面不会改变。

同时，我们也要看到我国经济运行面临的困难增多，挑战上升。从国内看，经济发展面临需求收缩、供给冲击等问题；从国际看，世纪疫情冲击下，外部环境更趋复杂严峻。坚持以经济建设为中心是党的基本路线的要求，在应对风险挑战的实践中，我们进一步积累了对做好经济工作的规律性认识。必须坚持党中央集中统一领导，必须坚持高质量发展。2021 年 12 月的中央经济工作会议，以及 2022

构建新发展格局,推动高质量发展

年《政府工作报告》都指出,新时代的发展必须完整、准确、全面贯彻新发展理念,构建新发展格局,推动高质量发展。

党的十九大报告提出,我国经济已由高速增长阶段转向高质量发展阶段。必须坚持质量第一、效益优先,以供给侧结构性改革为主线,推动经济发展质量变革、效率变革、动力变革。党的十九大首次提出高质量发展以来,高质量发展已经成为中国经济社会的重要关键词。只有通过高质量发展才能够真正有效解决"人民日益增长的美好生活需要和不平衡不充分的发展之间的矛盾"。高质量发展是中国式现代化的本质要求和全面建设社会主义现代化国家的首要任务。新时代新征程的发展必须贯彻新发展理念,必须是高质量发展,把发展质量问题摆在更为突出的位置,着力提升发展质量和效益。

未来五年是全面建设社会主义现代化国家开局起步的关键时期。没有坚实的物质技术基础,就不可能全面建成社会主义现代化强国。高质量发展不仅关乎经济增长,更关乎人民生活质量的提升和可持续发展。推进高质量发展还面临许多卡点瓶颈,发展不平衡不充分的问题仍然突出,科技创新能力还不强。面对日益复杂的国际形势和国内矛盾问题,我们要坚持以推动高质量发展为主题,构建高水平社会主义市场经济体制,把实施扩大内需战略同深化供给侧结构性改革有机结合起来,扩大高水平对外开放,推进区域协调发展,推动经济实现质的有效提升和量的合理增长。

第一,推动高质量发展需要构建高水平社会主义市场经济体制。市场机制可以促进企业竞争,强化创新和效率,从而优化资源配置,实现可持续发展。因此,我们必须深化市场化改革,为市场主体创造更加公平的竞争环境。坚定不移深化改革,更大激发市场活力和发展内生动力。党的十八届三中全会提出"使市场在资源配置中起决定性作用和更好发挥政府作用"的重大论断,有力促进了新时代我国经济体制改革的全面深化,为经济实力实现历史性跃升提供了重要的制度保障。踏上全面建设社会主义现代化国家新征程、向第二个百年奋斗目标进军,对进一步完善社会主义市场经济体制提出了更高要求。坚持社会主义市场经济改革方向,坚持和完善社会主义基本经济制度,毫不动摇巩固和发展公有制经济,毫不动摇鼓励、支持、引导非公有制经济发展,充分发挥市场在资源配置中的决定性作用,更好发挥政府作用。深化国有资本和国有企业改革,加快国有经济布局优化和结构调整,推动国有资本和国有企业做强做优做大,提升企业核心竞争力。优化民营企业发展环境,依法保护民营企业产权和企业家权益,促进民营经济发展壮大。

第二,推动高质量发展需要坚定实施扩大内需战略,大力挖掘和培育国内市场潜力。畅通国民经济循环,打通生产、分配、流通、消费各环节,增强内需对经济增长的拉动力。国内大市场优势是国内大循环高效运行的基础。因为只有通过形成更高水平、动态平衡的国内市场,利用统一大市场优势,充分发挥内需对经济发展的带动作用,才能增强国内大循环的内生动力和可靠性。为此,要着力扩大内需,增强消费对经济发展的基础性作用,通过深化简政放权、放管结合、优化服务改革。构建全国统一大市场,深化要素市场化改革,建设高标准市场体系。完善产权保护、市场准入、公平竞争、社会信用等市场经济基础制度,优化营商环境。

第三,推动高质量发展需要推动供给侧结构性改革。供给侧结构性改革是以市场需求为导向,以推动结构调整、优化产业布局、推进创新驱动为目标,从供给侧推动经济转型升级的改革。随着国内外市场竞争加剧,中国传统制造业已经发生巨变,我们必须加快推进供给侧结构性改革,从而推动经济发展向高质量方向转型升级。科技创新是现代经济发展的关键要素,是推动高质量发展的重要保障。当前技术革新和科技进步对于经济的贡献越来越大,尤其是在人工智能、新能源、互联网等领域。我们必须大力支持科技创新,加强科技人才培养,提高科技成果转化效率,推动产业技术升级和结构调整,为高质量发展提供有力的支撑。

第四,推动高质量发展需要扩大高水平对外开放,推动外贸外资平稳发展。充分利用两个市场两种资源,不断拓展对外经贸合作,以高水平开放促进深层次改革、推动高质量发展。中国发展离不开世界,世界发展也需要中国。要依托我国超大规模市场优势,以国内大循环吸引全球资源要素,增强国内国际两个市场两种资源联动效应,提升贸易投资合作质量和水平。稳步扩大规则、规制、管理、标准等制度型开放。推动货物贸易优化升级,创新服务贸易发展机制,发展数字贸易,加快建设贸易强国。合理缩减外资准入负面清单,依法保护外商投资权益,营造市场化、法治化、国际化的一流营商环境。坚持在更高水平上扩大对外开放，推动共建"一带一路"高质量发展，使国内循环和国际循环相互促进、相得益彰，促进同各国互利共赢、共同繁荣发展。

第五，推动高质量发展需要推进区域协调发展。实施区域协调发展战略是新时代国家重大战略之一，是贯彻新发展理念、建设现代化经济体系的重要组成部分。2018年11月印发实施的《中共中央、国务院关于建立更加有效的区域协调发展新机制的意见》，要求加快形成统筹有力、竞争有序、绿色协调、共享共赢的区域协调发展新机制。近年来，中国政府实施了一系列政策措施，旨在通过加强区域间经济、社会和文化的协调发展，促进全国范围内的经济和社会稳定。政府加大对贫困地区的扶持力度，推动城乡一体化发展，改善农村生活条件。政府还通过建设和完善基础设施、促进人才流动、加强环保等方面的措施来加强区域间的协调发展。

2022年召开了中国共产党第二十次全国代表大会，2022年也是党和国家事业发展进程中十分重要的一年。近年来，在逆全球化潮流涌动、地缘政治冲突等冲击下，世界经济陷入低迷，而我国经济则表现出超强的发展韧性，实现了质的稳步提升和量的合理增长。经济韧性强、潜力大、活力足，这是我国经济发展的显著特征和优势。我国经济持续发展具有多方面有利条件，特别是亿万人民有追求美好生活的强烈愿望、创业创新的巨大潜能、共克时艰的坚定意志，我们还积累了应对重大风险挑战的丰富经验。中国经济一定能顶住下行压力，行稳致远。

在为我国取得的巨大经济成就自豪的同时，也必须清醒意识到，中国与世界发达国家在许多方面还存在巨大差距。希望通过北大经济学院专家学者"两会笔谈"这个平台，大家来共同探讨中国经济改革与发展中的热点与难点问题。近十年来，我们每年都在知名网站推出北大经院"两会笔谈"专栏，引发了社会的广泛热烈反响。今年的"两会笔谈"，我们的专家学者以客观冷静的独立思考、理性精准的经济研判、独到睿智的政策建议，为中国的高质量发展提供智力支持。

（作者系北京大学经济学院副院长、教授博士生导师）

编者按　北京大学经济学院专家学者热议 2022年"两会"热点[①]

自2014年以来,北京大学经济学院依托专业优势,发扬经世济民之担当,每年"两会"期间,都组织本院学者围绕"两会"热点,紧扣政府工作报告,畅谈国家经济改革与发展。学院官方微博和官方网站开设北大经济学院"两会笔谈"专栏,北大新闻网进行连载、北大校报发布专版、国内重要报刊和新媒体提供了广泛报道支持。如今,北大经济学院"两会笔谈"已然成为研究"两会"经济热点、分析国民经济现状、提供相关政策意见的重要思想阵地,产生了良好的政策影响和社会反响。以"两会笔谈"为基础,经济学院目前已推出年度"北大经院论丛"8部,分别是:《中国改革再出发》(2014)、《全面深改关键年》(2015)、《时代节点的眺望》(2016)、《身向雄关那畔行》(2017)、《雄关漫道从头越》(2018)、《变革中看格局,浪潮处听思潮》(2019)、《直面冲击,面向未来》(2020)、《直面新挑战,聚力新征程》(2021)共收录550余篇时评文章。

"两会笔谈"和"北大经院论丛"已经成为研究经济热点、分析国民经济现状、提供相关政策意见的重要思想阵地,产生了良好的政策影响和社会影响。2022年3月5日,北京大学经济学院"专家学者热议两会热点"会议在经济学院101会议室举行。根据党的二十大精神,结合中央经济工作会议和国家"十四五"规划建

[①] 本书为专家学者2022年"两会"之后围绕当年"两会"的《政府工作报告》所著,因此部分观点(如对2022年全年宏观经济数据的预测以及对新冠疫情发展趋势的判断)与后来的事实略有出入。——编者注

议,经济学院教授和博士后紧扣"两会"脉搏,根据李克强总理代表国务院作的《政府工作报告》,畅谈经济改革与发展,为国家经济发展与制度创新提供智力支持。

董志勇:为资本设置"红绿灯"

继2021年12月中央经济工作会议以后,在2022年3月5日上午的国务院总理李克强作的《政府工作报告》里面,又一次强调"加强和创新监管,反垄断和防止资本无序扩张,维护公平竞争"。

习近平总书记指出:"要正确认识和把握资本的特性和行为规律","要发挥资本作为生产要素的积极作用,同时有效控制其消极作用。"改革开放以来的经验表明,充分发挥资本的积极作用有助于发展社会主义社会的生产力,有助于提升社会主义国家综合国力,有助于提高人民的生活水平。但是,伴随着我国市场经济的繁荣发展,资本野蛮生长和无序扩张也带来了多方面问题,导致贫富差距拉大和区域间发展失衡,尤其在数字化时代资本要素与数据要素的叠加更加深了经济社会各层次矛盾。因而,新时代资本观应是对资本的扬弃,充分发挥资本积极作用,控制资本消极作用,通过为资本设置"红绿灯",支持引导资本规范健康发展。

第一,为资本设置"红绿灯"是资本的特性和行为规律内生决定的必然选择。一方面,市场经济在推动社会生产力发展上具有明显优势,其中资本发挥了关键作用;另一方面,资本的逐利性也蕴含着投机性和贪婪性,资本逐利本身无所谓对错,关键在于逐利的方式和手段是否合法合规。资本的行为规律也是人性弱点的反映,人性的贪婪是资本野蛮生长的根源,导致资本在追求利润时可能具有短期行为,资本的无序扩张在局部优化中可能会损害社会整体利益。例如,资本为追求高回报倾向于垄断,通过垄断获得超额利润,在垄断经济环境下中小企业面临被合并或被消灭的两难困境,抑制社会创新创业活力。资本获得垄断地位后也往往"有恃无恐",侵犯消费者权益,尤其在数字经济时代,数字技术为价格歧视提供了便利。资本的二重性决定了要为资本设置"红绿灯",发挥好资本在社会主义市场经济中的积极作用。

第二,为资本设置"红绿灯"是中国特色社会主义市场经济发展的内在要求。

编者按　北京大学经济学院专家学者热议2022年"两会"热点

中国特色社会主义市场经济是我们党的伟大创举,它的前提是社会主义,资本发展本质上要为社会主义服务。为资本设置"红绿灯"是构建新发展格局,推动高质量发展的基础保障。新时代构建新发展格局离不开资本,畅通国内大循环首先要畅通国内"资本循环",畅通国际大循环也意味着我国进一步扩大对外开放,在开放中不断引入新的国际资本。高质量发展离不开健康有序的资本。当前,我国经济面临结构性问题,亟须引导资本投向实体经济,投向国家战略需要,推动经济社会高质量发展。

第三,为资本设置"红绿灯",也是加强法治经济建设的应有之义。"合天下之众者财,理天下之财者法,守天下之法者吏也",社会主义市场经济是法治经济,资本活动要在法律和规则的框架下进行。推进法治经济建设,要持续填补立法空白,不断完善反垄断体制机制,深入推进公平竞争政策实施;要着力堵塞监管漏洞,加快全方位、多层次、立体化监管体系建设,实现全链条全过程监管"一张图"绘到底;要切实提高执法力度,加强平台经济、科技创新、信息安全和民生保障等重点领域执法司法,对于任何违法行为都要依法严格查处。明确规则划出底线,要树立资本运行规则意识和底线思维,不断完善市场准入负面清单制度,明确不同领域的准入规则,哪些领域准入,哪些领域不准入,并且完善准入领域的监管和风险预警体系;要遏制资本任何触碰社会主义制度红线的冲动,惩处任何违反市场经济法律底线的行为,着力查处资本无序扩张、平台垄断背后的腐败问题,斩断权力与资本的勾连,构建"亲""清"的政商关系。

应该强调的是,遏制资本无序扩张,绝不是不要资本,而是要资本有序发展。在这里面,尤其要毫不动摇鼓励、支持、引导非公有制经济发展的方针政策,这是我们党最重要最基本的方针路线。这条基本原则不仅十分明确、一以贯之、不断深化、从未动摇,而且已经写入《中国共产党章程》之中,应是企业最大的"定心丸"。因此,加强监管规范的根本目的是更好地引导资本、促进发展,要始终坚持两手并重、两手都要硬。各级政府在维护市场秩序的同时,要着力避免任何过度错位、越位干预的冲动,避免地方政府过度泛化"资本"概念,对任何资本采取"一刀切"管理。"法无授权不可为",要始终坚持在社会主义法治框架下依法执政,要不断提高政府治理市场经济体系能力的现代化水平,方能更好地驾驭"资本"。

崔建华:关于乡村振兴的几点感受

乡村振兴是国家发展中极其重要的战略举措。《中华人民共和国国民经济和社会发展第十四个五年规划和2035年远景目标纲要》中提出全面实行乡村振兴战略;2021年6月1日起施行《中华人民共和国乡村振兴促进法》;2022年中央一号文件的主题也是乡村振兴——《关于做好2022年全面推进乡村振兴重点工作的意见》;李克强总理在《政府工作报告》里提出:要"大力抓好农业生产,促进乡村全面振兴"。

乡村振兴工作的推进,在党的全面领导下,涉及政治、经济、文化、社会、生态等诸多方面,需要重点突破、整体推进,需要因地制宜、因时施策。近年来,我从东北到西南、从华东到华北、从大别山到井冈山,走过乡野,看到了社会主义新农村蓬勃发展的崭新面貌,有一些切身的感受。

第一,夯实、完善与乡村发展最密切相关的三大政策体系,即土地政策与人口(人口流动)政策构成的基本政策体系、农业和农村发展的技术(技术变革)政策体系、农产品市场政策体系。

第二,产业振兴是乡村振兴的基础。乡村产业与城市产业的发展应基于不同的资源禀赋条件和生产要素的差异,形成融合、互补的格局。

第三,将现代企业制度的优势,更多地应用到乡村发展中,使市场在资源配置中起决定性的作用在广大乡村地区得到更充分的实现。

第四,国家治理中要坚持依法治国和以德治国相结合,乡村治理也应该如此。以文化人,充分发挥中华优秀传统文化在乡村高质量治理中的作用,具有特别的意义,也应该是乡村高质量治理的特色。同时,重视并充分发挥"乡贤"的作用。

第五,重视乡村营商环境的研究与建设。一谈营商环境,以前多是指城市。实际上,乡村发展中,营商环境如何,同样会对各类市场主体的行为产生直接的影响。

编者按 北京大学经济学院专家学者热议2022年"两会"热点

平新乔：要抢救、支持、促进服务业的发展

李克强总理在2022年《政府工作报告》里特别指出："餐饮、住宿、零售、文化、旅游、客运等行业就业容量大、受疫情影响重，各项帮扶政策都要予以倾斜，支持这些行业企业挺得住、过难关、有奔头。"这就点出了新冠疫情对我国服务业的冲击影响。在我看来，中国服务业的发展在近年来，尤其是新冠疫情暴发以来，存在三大挑战与瓶颈：

第一，由于近五年里中国经济增速一再下滑，经济结构转型过程放慢了，在一定程度上结构转型实际已陷入停滞状态，这表现为服务业在国内生产总值（GDP）的比重在过去五年（2017—2021年）里一直徘徊在53%~54%的水平上，第一、二、三产业之间的相对比重也一直停留在2017年的水平上基本保持不变。这不是一个小问题。因为结构变化的停滞，会导致资源配置改善过程的停滞，从而影响经济发展质量的提升。

第二，服务业内部的分化加快。尽管大的经济结构变化缓慢甚至停滞，但服务业内部高新服务业与传统服务业之间在发展上冰火两重天。战略性新兴服务业（包含新一代信息技术产业等八个子产业）由于其"无接触经济"的特点而基本不受疫情影响，随着数字经济革命的发展而迅速发展，在2021年的增速达16%；而传统的服务业由于其高度依赖人群接触，在疫情影响下呈负增长，如公路客运量在2021年比2020年还下降26.2%！

第三，中国服务业里的两个基本子产业——占服务业体量1/4以上的金融服务业和房地产业，近年来增长乏力，2021年的增速分别为4.8%与5.2%，不仅远远低于全国GDP 8.4%的增速，也低于服务业整体8.2%的增速。金融服务业与房地产业增速放缓，在一定程度上是泡沫收缩的信号。而"泡沫"（bubble）是不同于"通货膨胀"（inflation）的概念，泡沫收缩会带来通货紧缩与经济萧条，而不会带来通货膨胀。这值得我们高度重视。

张辉：创新驱动产业高质量发展

2022年3月5日，李克强总理在《政府工作报告》中强调，要"深入实施创新

驱动发展战略,巩固壮大实体经济根基",通过"推进科技创新,促进产业优化升级,突破供给约束堵点,依靠创新提高发展质量"。发展以创新引领的现代化产业体系、增强我国制造业核心竞争能力已经成为当下我国经济社会发展的重要任务之一。在"两个一百年"奋斗目标的指引下,着力构建现代产业体系、稳固壮大实体经济根基应当关注以下三个方面:

第一,坚持创新引领,加快推动实现制造业转型升级。创新是推动当前产业结构转型升级最重要的途径,要以提高制造业创新能力和促进制造业产业结构高级化为目标,以我国工业体系的规模优势为基点,在保证我国产业链稳定的前提下,推行发挥有效市场和有为政府更好结合的产业扶持政策,充分调动工业部门的创新积极性,大力发展新兴技术,逐步推动传统产业的转型升级,奠定我国现代化产业体系的基础。

第二,以国内大市场为基点,着力畅通国内产业链供应链。国内大市场是发展现代产业体系的根基,国内产业链供应链的循环畅通是实现产业体系现代化的关键。李克强总理在2022年《政府工作报告》中强调,要"加强市场体系基础制度建设,推进要素市场化配置等改革""加强和创新监管,反垄断和防止资本无序扩张,维护公平竞争"。要通过供给侧结构性改革打通国内经济循环体系,破除生产要素流通壁垒,破除竞争行业强制性的行政性壁垒,健全要素市场的运行机制,降低企业运营的制度性成本,畅通制造业的生产运营体系,促进国内经济又好又快发展。

第三,构建现代化产业体系还要注重发挥数字经济创新驱动作用。在2022年的《政府工作报告》中,李克强总理特别强调在实施创新驱动发展战略之时,要"促进数字经济发展""加强数字中国建设整体布局"。要深刻把握数字经济全球化带来的崭新机遇,充分发挥我国海量数据和丰富应用场景数字新优势,通过利用数字技术发展的正外部性,为传统产业调结构、转方式、促升级,全面提升我国产业数字化和现代化水平。

王跃生:高标准自由贸易协定是我国高水平对外开放的重要抓手

李克强总理在《政府工作报告》中谈到2022年工作任务时指出,"推动与更多国家和地区商签高标准自由贸易协定,坚定维护多边贸易体制,积极参与世贸组织改革"。这一任务是在全球经济与国际战略新格局下对我国对外开放策略的准确把握,也是对过去几年我国对外开放成功的精辟总结。

的确,在经济全球化遇到巨大阻碍,陷于停滞的形势下,一方面我们仍要积极推进新的经济全球化进程,积极维护、完善和发展全球多边贸易体制;另一方面,也应根据现实情况,着重以各种双边、诸边(小多边)、区域、次区域经济合作机制与自由贸易协定为抓手,推进高水平对外开放进程。因为这些开放与合作形式,既避免了全球化多边机制的利益分歧过大、意识形态因素与地缘政治干扰,又充分发挥了开放市场和贸易投资自由化扩大市场规模、降低交易成本、发挥比较优势、促进经济发展的核心作用,已经成为当前世界各主要经济体最为重视的开放形式与机制。

过去若干年我国在这方面做了很多工作,取得巨大成就,如签订了中国-东盟自贸区《投资协议》、《中日韩自由贸易协定》等。未来,我们一方面要进一步扩大此类协定的规模、提升标准,另一方面要充分利用《区域全面经济伙伴关系协定》(RCEP)、《全面与进步跨太平洋伙伴关系协定》(CPTPP)以及《中欧双边投资协定》等重要平台,积极推进、落实这些协定,将我国改革开放推向新的高度。

章政:保持经济行稳致远,实现美好生活向往

临风浩歌、志正守确。在2022年3月5日开幕的第十三届全国人民代表大会第五次会议上,李克强总理代表本届政府,提出了2022年国民经济发展的主要目标:GDP增长5.5%左右、城镇新增就业1100万人以上、城镇调查失业率全年控制在5.5%以内、居民消费价格涨幅3%左右,即保持稳中求进的工作总基调。同时,要求各地区、各部门切实担负起稳定经济的责任,不搞粗放型发展,而要坚持实事求是,立足基本国情,办好自己的事情。

2022年,我国社会经济发展面临的风险和挑战明显增多。在综合研判国内外形势的基础上,要求统筹稳增长、调结构、推改革,加快转变发展方式,尊重发展规律、客观实际和群众需求,因地制宜创造性开展工作。善于运用改革创新办法,

激发市场活力和社会创造力,坚持供给侧结构性改革为主线,统筹疫情防控和经济社会发展,不断实现人民群众对美好生活的向往。

为了准确、全面理解《政府工作报告》的目标任务,贯彻新发展理念,加快构建新发展格局,坚持创新驱动和推动高质量发展,特别是为了应对重大风险和经济下行压力,接下来应注意以下问题:第一,防止经济内卷,即生产和生活的不同步,作为经济运行的一体两面,没有收入改善的生产发展终究是不可长久和不可持续的;第二,防止经济空转,即经济增长和生产、生活的不同步,经济增长的背后是经济循环,脱离生产和生活的经济增长只能是表面繁荣和空中楼阁;第三,防止经济缩水,所谓经济缩水就是通货膨胀,由于国内和国际环境的影响和冲击,内防通货膨胀传导和外防通货膨胀输入将面临新的挑战和压力。

由于我国经济长期向好的基本面没有改变,持续发展具有多方面的有利条件,特别是亿万人民有着追求美好生活的强烈愿望和创业创新的巨大潜能,我们坚信,在党的坚强领导下,我们一定能坚定意志、共克时艰,未来中国经济一定能够顶住下行压力,必将行稳致远。

刘怡:科学引导我国数字经济进一步健康发展

随着现代信息技术的发展,数字经济逐渐成为继农业经济、工业经济后又一新的经济形态。根据国家互联网信息办公室发布的《数字中国发展报告(2020年)》,我国数字经济总量排名世界第二,数字经济核心产业增加值占GDP比重达到7.8%。目前我国数字经济区域集聚性强,数字经济企业集中注册在北京、上海、广东、浙江等省市。根据工信部运行监测协调局公布的数据,2020年互联网平台收入排前五位的省市创造的收入占到了全国的87%,信息服务收入排前五位的省市创造的收入占到了全国的83%,互联网数据服务收入排前五位的省市创造的收入占到了全国的90%。数字经济企业的注册地是集中的,而用户遍布全国各地,用户在数字经济中创造的价值没有很好地通过市场得以充分确认,加剧了地区之间的税收竞争。为了引导数字经济科学有序发展,我国先后出台一系列反垄断和个人信息保护措施。2021年12月,国务院印发《"十四五"数字经济

编者按 北京大学经济学院专家学者热议2022年"两会"热点

发展规划的通知》,提出力争形成统一公平、竞争有序、成熟完备的数字经济现代市场体系的目标。从优化营商环境、稳定市场预期、减少无谓损失的角度考虑,可以通过税收等手段科学确认数字要素的价值和成本,通过再分配让数字经济的发展成果惠及广大人民,用市场经济的手段引导我国数字经济进一步健康发展。

杜丽群:推动产业数字化 赋能经济发展

李克强总理在2022年《政府工作报告》中提出"促进数字经济发展",既强调建设数字信息基础设施的重要性,又指出完善数字经济治理、释放数据要素潜力的必要性,这为我国发展数字产业助推经济持续稳定增长指明了正确的方向。在新的时代背景和经济形势下,特别是随着后疫情时代的到来,数字经济发展中数据要素将成为一个重要的生产要素,数据要素的市场化配置也将成为我国社会主义市场经济体制下要素市场化改革的重要组成部分,通过产业数字化和数字产业化实现数字技术与实体经济的加速融合,促进传统产业升级,更好赋能经济发展。与劳动、土地、资本、技术等传统生产要素相比,数据要素具有主体多元、易复制、准公共品、非均质性等突出特征,因此在培育和发展数据要素市场的过程中,我们必须重点解决权属界定、利用保护和交易流通这三个棘手的问题。

周建波:传统文化与共同富裕

在2022年的《政府工作报告》中,有一条数据显得格外醒目,"中央对地方财政转移支付增加约1.5万亿元、规模近9.8万亿元,增长18%,为多年来最大增幅。"财政部相关负责人公开表示,这些转移支付重点向困难地区、欠发达地区和减税降费减收比较多的地区倾斜。这是自2021年中央正式提出"共同富裕"发展目标以来的连贯政策。

新时代下,中国已经迈入了在高质量发展中谋求共同富裕的新局面。自改革开放以来,在中国共产党的领导下,中国人民牢牢抓住时代发展机遇,积极融入全球化进程。过去,通过市场化改革摆脱贫困是发展的首要目标。集中资源,追求效率,"让一部分人先富起来"无疑是最为有效的发展战略。然而,随着国民收入水平的不断提高和人们收入差距的日益扩大,平衡再发展又成为当下最迫切的挑战。

中国有着悠久的历史文化,《礼记》所描绘的鳏寡孤独皆有所养的大同世界正是中国人心目中的理想社会。为什么追求共同富裕?儒家认为,治国之道,富民为始。但经济发展必然伴随着贫富分化,而人性具有"大富则骄,大贫则忧,忧则为盗,骄则为暴"的特性。因此,儒家提倡独乐乐不如众乐乐,避免贫富过度分化;道家更是指出了贫富失衡引发的弊端。对于财富拥有者而言,财富也有可能是一种风险,正所谓金玉满堂,莫之能守。由道家思想和山东、河北沿海一带的神仙家结合所形成的道教反对无节制地积累财富,主张散财济贫,强调不为名利所累才能达到更高的修行境界;而在中国影响更广泛的佛教特别强调财富在社会阶级间合理流动,以福报轮回的思想鼓励人们积德行善。这些思想共同指向了共同富裕才是经济社会发展更高的目标。

中国传统中不乏共同富裕的思想,但在新时代的背景下,由中国共产党领导下的共同富裕在实践上则表现出显著的特征:一是力争在高质量发展中解决贫富分化问题,通过减税降费以激发市场活力可以间接助力共同富裕,这充分说明发展与平衡并非对立;二是充分借用市场的力量,从企业社会责任到第三次分配,实现市场与政府的有机结合;三是中央准确决策和基层高效执行的有力保障。无论是类似新冠疫情的突发危机,还是脱贫攻坚、乡村振兴等重大难题,我们相信中国共产党的执政都是重要的制度优势。

有学者曾提出自近代以来,中国共产党带领中国人民取得的巨大成就是对传统民本经济观的传承发展,乃至超越。那么,共同富裕则是新时代下民本经济思想的重要体现之一。

郑伟:民生保障需尽力而为量力而行

民生保障再次成为《政府工作报告》的重点,正如李克强总理在报告中所指出,"一定要把宝贵资金用在发展紧要处、民生急需上"。报告强调"切实保障和改善民生",涉及养老保障、医疗保障、就业保障、社会救助等诸多领域。在养老保障

编者按 北京大学经济学院专家学者热议2022年"两会"热点

方面,稳步实施企业职工基本养老保险全国统筹,适当提高退休人员基本养老金和城乡居民基础养老金标准,继续规范发展第三支柱养老保险,优化城乡养老服务供给。在医疗保障方面,居民医保和基本公共卫生服务经费人均财政补助标准分别再提高30元和5元,推动基本医保省级统筹,推进药品和高值医用耗材集中带量采购,完善跨省异地就医直接结算办法,实现全国医保用药范围基本统一。在就业保障方面,延续执行降低失业和工伤保险费率等阶段性稳就业政策,继续实施失业保险稳岗返还政策,使用1000亿元失业保险基金支持稳岗和培训,完善灵活就业社会保障政策,开展新就业形态职业伤害保障试点。在社会救助方面,加强民生兜底保障和遇困群众救助,努力做到应保尽保、应助尽助,兜住兜牢民生底线。此外,在民生保障中,要坚持"尽力而为,量力而行"的工作思路。一方面,伴随着社会主要矛盾的变化,人民对美好生活有着更多更高层次的需求,政府要尽力而为;另一方面,要坚持从实际出发,将社会保障水平提高建立在经济和财力可持续增长的基础上,量力而行,持之以恒,久久为功。

锁凌燕:持续建设养老保障体系 积极应对人口老龄化

第七次全国人口普查数据显示,中国的老龄化进程明显加快。2022年的《政府工作报告》全文共有11处提及"养老",主要涉及养老工作的两个"主战场":一是养老保障,要持续优化基本养老保险制度,适当提高基础养老金水平,并继续规范发展第三支柱医疗保险;二是养老服务,将之作为推动消费持续恢复和积极应对人口老龄化的重要抓手。这生动地反映了老年保障的核心问题是资金保障和服务保障"两手都要抓,两手都要硬"。

老龄化往往伴随疾病谱的高级化、慢病医疗需求的增加和失能护理社会化服务需求的高涨,老年人群体往往需要更多的医疗服务、健康咨询服务、健康检查服务、疾病诊治和护理服务、大病康复服务等健康服务,也需要更多的生活照护服务、精神慰藉服务、文化娱乐服务等社会服务。要构建可持续、稳定的养老保障体系,有必要同时关注养老金、医疗健康、长期护理及其他养老服务系统之间的相互关系和一致性。国际经验表明,构成社会的个人、家庭、社区和公共部门等主体应

"各展所长"、把握好各自的角色分工,这是积极应对老龄化挑战的重要基础。

我国养老服务体系还存在发展不平衡、不充分等问题,农村养老服务水平不高、居家社区养老和优质普惠服务供给不足等问题比较突出,《政府工作报告》中提出,要"支持社会力量提供日间照料、助餐助洁、康复护理等服务""鼓励发展农村互助式养老服务,推动老龄事业和产业高质量发展",对推动全社会积极应对人口老龄化格局初步形成具有重要的指引意义。

王一鸣:大力发展供应链数字金融　为小微企业融资服务以稳定促进产业链发展

我国产业链供应链遭受着全球经济不稳定的威胁,须增强其自主调控能力,使经济在极端情况下也能自我循环。产业链供应链上大量存在的是中小微企业,它们的稳定运行对产业链供应链安全顺畅运转不可或缺,但融资难、融资贵问题长期制约着中小微企业的健康持续发展。基于大数据和物联网技术下发展供应链金融是促使产业链供应链稳定运行、保市场主体、保就业的重要而有效的举措,但发展供应链金融对银行金融服务的适应性提出了新的要求,银行应摆脱对企业财务报表的过度依赖,也不再注重评估单个企业的状况,而是更加关注其交易对象和合作伙伴,关注其所处的产业链是否稳固,以及目标企业所在的市场地位和供应链管理水平。

现阶段供应链金融出现一些困难和障碍,为此建议如下:一是提高发展供应链金融的意识。政府部门应当充分认识到它对行业发展的带动作用,并采取更多有力措施支持其发展。如,设立政府专项基金为供应链金融业务提供担保,对开展供应链金融业务的物流企业和金融机构进行政策倾斜,适度给予税收优惠或财政支持。二是加强供应链金融的创新战略。一方面是技术创新,打通各种基础供应链信息管理平台;另一方面是制度创新,鼓励银行基于交易场景的线上纯信用贷款业务,挖掘信用风险评价和监管新指标。

苏剑:三重压力考验宏观调控

关于中国2022年的宏观经济形势,2022年《政府工作报告》沿用了2021年

编者按 北京大学经济学院专家学者热议2022年"两会"热点

中央经济工作会议的观点,就是面临"需求收缩、供给冲击、预期转弱"三重压力。

在这个情况下,中国经济到底该设置什么样的增长率目标呢?我们2021年年底预判中国经济应该至少保持5%的增长率。在我们刚刚发表的一个报告里边,我们说的是"保五争六"。这次《政府工作报告》里说的预期目标是5.5%,跟我们的预判是一致的。5.5%的增速目标已经是相当高了。2022年如果能实现这样的增速,就将是一个非常了不起的成绩。当然,报告中说的是"5.5%左右",那就是说不一定非要达到5.5%,5.3%、5.4%甚至5.2%都是可以的,而且是"预期性目标",不是硬性目标。这就给宏观调控留下了较大的弹性。

在三重压力的作用下,这么高的增速,应该说是一个完成起来难度相当大的目标。这就意味着,2022年中国宏观调控方面将会出现相对来说比较宽松的政策环境。货币政策和财政政策都会相当宽松。扩张的主要领域应该在基建和符合国家战略的一些行业。在房地产调控方面应该会进一步放松。人口政策方面应该也会进一步出台一些配套措施,支持生育率的提高,生育率提高了,孩子出生数多了,当然相应的消费需求也就出来了,因为每一个家庭在孩子身上的开销要远大于成人,所以出生率提高有助于扩大消费,这也是宏观调控一个非常有效的政策。

赵留彦:普惠金融助力乡村振兴

《政府工作报告》强调了推动乡村振兴问题,提出"落实区域重大战略和区域协调发展战略,出台新的支持举措,实施一批重大项目,实施农村人居环境整治提升五年行动"。

党的十八大以来,我国减贫成就和农村发展成就举世瞩目。在我国扶贫过程中,金融扶贫是重要的组成部分,多层次的金融机构都深度参与到乡村发展过程中,带动大量金融资源进入乡村,彻底改变了长期以来乡村资金净流出的状况,提升了乡村的信贷可及性,推动了贫困地区的产业发展和生态建设,为脱贫攻坚和乡村振兴工作做出了历史性贡献。

当前,我国脱贫攻坚工作正在向乡村全面振兴和共同富裕战略过渡,这对我国普惠金融提出了很多挑战,也提供了前所未有的发展机遇。伴随着贫困人口的大面积脱贫和乡村经济社会的快速发展,农村金融机构面临的经营环境发生了深刻变化,农民合作组织和农村中小企业等新型经营主体不断涌现,农村金融机构面临着业务的大发展和大转型。经济学研究者应致力于总结我国各类农村金融机构在乡村全面振兴和共同富裕战略实施过程中的经验模式和机制创新,并探索我国未来在新科技条件下普惠金融发展的新途径,这对于我国总体实现乡村全面振兴和共同富裕意义重大。

张亚光:共同富裕彰显党的百年初心与理论自信

历史告诉我们,财富分配状况是影响社会和谐安定的关键因素。工业革命后,欧美国家人民贫富差距逐渐拉大,但它们的解决路径集中于社会福利保障,并未直面财富分配制度的前端环节。进入21世纪之后,西方世界收入差距过大的现象不仅没有改善,而且跌落到了近百年前的水准。

与之相对,中国正在以共同富裕的方式,为解决贫富差距问题探索出一条应对之道。党的百年奋斗经验表明,共同富裕是"以人民为中心"思想的集中体现,是党从未忘却的"初心"。中国共产党从一开始就继承了马克思、列宁等革命导师关于财富分配问题的基本认识。此后,尽管随着革命形势不断发展,党的阶段性任务有所调整,但共同富裕的奋斗目标始终未变。

党的十八大以来,有关共同富裕的思想渊源、历史进程、实现路径等方面的理论思考达到了全新的高度。其中最具突破性的理论贡献在于,共同富裕不再是单纯的物质财富分配问题,而是被上升到了哲学层面,是人民群众物质生活和精神生活都富裕,是人的全面发展。中国理论、中国智慧、中国方案,必将为全人类的文明进步做出更大的贡献。

刘冲:完善减税政策,深化税制改革

在2022年的《政府工作报告》中,李克强总理指出,"实施新的组合式税费支持政策,坚持阶段性措施和制度性安排相结合"。正如总理所言,在减税降费的实

施过程中,需要将减税降费与税制改革相结合,兼顾普惠性减税降费与结构性减税降费。具体而言,需要关注以下三方面的问题:

(1) 平衡普惠性税收优惠的政策力度和可持续性。未来应在普惠性税收优惠的力度和可持续性间进行更加科学合理的平衡,在政策制定中更多考虑财政收支平衡等因素;准确把握普惠性税收优惠推出的时机,充分考虑普惠性税收优惠对结构性税收优惠可能产生的替代效应;在保证"普惠"的前提下,在政策的期限和延续方面更加审慎,为未来其他政策留出空间。

(2) 普惠性减税因行业特征、税负转嫁能力等表现出差异,需要进一步平衡。在行业集中度相对较低、市场竞争较为激烈的一些行业中,部分企业议价能力相对较弱,需向下游企业或消费者让渡一部分减税收益;此外,由于增值税各档税率调整幅度不同,上下游企业面临着不同的税负变化。因此,未来需要对这些企业和行业进行平衡。

(3) 优化结构性减税方式,以行业性优惠政策为主,减少区域性优惠政策。一方面,区域性税收优惠负外部性强,容易造成税收洼地,增加税收征管成本;另一方面,区域性税收优惠与行业性税收优惠相结合,能够更加充分发挥区域的比较优势,更有针对性地扶持特定区域的发展。

冯科:论如何正确认识和防范化解房地产市场带来的金融风险

房地产作为我国国民经济的重要支柱,其发展与金融市场紧密联系,房地产累积的风险,很可能向货币市场和资本市场等金融市场传导,因此要正确认识和把握防范化解房地产市场带来的金融风险。一方面,房地产市场会通过直接放贷和抵押融资向金融市场传递风险;另一方面,在表外资金、理财产品、非标业务等其他融资途径,房地产市场同样累积着大量的金融风险。为此,我国已出台大量房地产调控政策,并取得了一定成效,但在政策执行过程中出现了一些问题,甚至发生"处置风险的风险"的情况。究其原因:一是在政策执行层面存在一些用力过度、矫枉过正的现象,房地产市场硬着陆风险逐渐累积;二是对于可能出现的新问题,缺乏政策配套措施,房地产企业的流动性危机难以化解;三是纵向看政策实施,存在层层加码的现象,实行加杠杆政策导致房地产市场发展越发艰难。为建立全面高效的重大风险应急处置机制,助力房地产风险软着陆,应采取如下应对方法:一是应适当放松对房地产融资的额度限制;二是应明确银行所应承担的责任;三是要做好配套政策准备,引导央企和地方国有企业参与到化解房地产风险的过程中;四是可将央企和地方国有企业收回的资产,做成经济适用房或廉租房,解决住房难问题。

吕随启:"两会"精神与货币政策调整

2022年3月5日,李克强总理在《政府工作报告》中,全面肯定了过去一年我们所取得的巨大成就,也指出中国面临前所未有的巨大挑战。从外部来看,国际形势风云变幻,国际争端和利益纠葛日益错综复杂。全球资本市场、外汇市场波动加剧,跌宕起伏,风险和不确定性迅速上升。美联储货币政策转向,加息日期临近。就内部而言,货币政策承受的压力日益上升,面临多重困境。一方面,要解决实体经济大幅下滑、企业和家庭资产负债表恶化、消费领域通货膨胀与生产领域通货紧缩困境交织并存、地方债和企业债高企且违约率上升、房地产市场收缩、资本市场需要维稳等现实问题,同时完成《政府工作报告》中提到的做好六稳六保、确保粮食能源安全、防范化解重大风险以及社会保障、绿色发展、科技创新、乡村振兴、区域发展等重要任务,要求货币政策进一步宽松;另一方面,外汇供求格局趋于紧张、人民币贬值预期强化、资本外逃压力加大、通货膨胀预期强化、化解风险等要求货币政策中性偏紧,通过稳定汇率化解系统性金融危机的隐患;进一步而言,如果中国政府既要促进实体经济发展,又要通过稳定汇率防范化解金融危机,中央银行就只能被迫适当加强资本管制,这与人民币国际化的大方向背道而驰,有可能面临巨大的国际压力。因此,中国货币政策的回旋余地很小,空间有限。正是因为内忧外患加上三重困境的制约,我国货币政策必须尽快调整,加大稳健的货币政策实施力度,充分发挥货币政策工具的总量和结构双重功能,为稳增长、促就业、发展实体经济提供有力支持。可以说,立足当下、放眼长远,《政府工作报告》为我国货币政策调整的必要性、原则、可行性都指明了方向,里面有许多问题都值得深入研究。比如:货币政策"三难"困境的本质是什么,如何克服?货币政策的总量控制与结构调整是什么关系?货币政策逆周期与跨周期如何有效结合?货币政策的调整如何促进内外部经济目标的均衡?货币政策的调整如何有效服务于政府工作的具体任务目标?货币政策如何应对美联储货币政策调整带来的挑战?货币政策如何应对不确定性上升带来的风险?如何确保货币政策的连续性、有效性、前瞻性、灵活性、针对性?

张鹏飞:抓住"关键少数"防范债务风险

近年来,我国地方政府债务持续扩张,形成了一定的风险隐患。截至2021年12月末,全国地方政府债务余额30.47万亿元。其中,一般债务13.77万亿元,专项债务约16.7万亿元;政府债券约30.31万亿元,非政府债券形式存量政府债务0.16万亿元(财政部预算司,2022年2月9日)。值得指出的是,上述数据仅仅包含了地方政府在限额内依法举借的"直接债务(显性债务)",地方政府还通过融资平台公司、政府和社会资本合作(PPP)以及政府购买服务等方式积累了大量的"隐性债务"。由于测算口径的差异和测算出发点的不同,地方政府隐性债务的测算结果之间存在较大的差异。2017—2018年间,地方政府隐性债务规模的测算结果基本在10万亿~50万亿元之间,其中30万亿~40万亿元是比较集中的测算结果。① 我们通过对YY评级官网(https://www.ratingdog.cn/home)所披露的数据进行加总,发现截至2020年年底,全国省级、市级、县级三级地方政府融资平台的有息债务余额就达40.65万亿元之多。

我们收集统计了2008—2020年间中国大陆除西藏外的30个省、自治区、直辖市的263个市级(241个地级市、17个自治州、3个地区、2个盟)地方政府债券余额以及市级政府及其部门(如国资委、财政局等)直接控股的751家融资平台的

---

① 任涛.[浅谈]地方政府隐性债务规模到底有多高?40万亿应该是有的[EB/OL].(2019-03-27)[2023-11-08]. https://mp.weixin.qq.com/s/v2P5GCgIK7Cx7UckQSTwgQ.

债务余额,同时收集了市级地方党政主要领导(954位党委主要领导和1044位政府主要领导)和融资平台公司高管(1758位董事长和1682位总经理)的相关信息,并对他们的任职时间进行匹配。我们通过研究发现:第一,市级地方党政主要领导(特别是党委主要领导)通过任免市本级融资平台公司高管有助于该融资平台的债务扩张;第二,2014年修正版的《中华人民共和国预算法》赋予了地方政府一定的直接举债权限,但是这种通过"修明渠、堵暗道"来加强地方政府债务管理的政策未能取得预期效果,成效甚小;第三,2017年7月,中央高层一个月内连续三次对地方政府债务问题严厉表态,但是实证分析结果表明,只有2017年这一年的强政策冲击显著抑制了市级地方党政主要领导(特别是党委主要领导)的债务扩张。

王熙:回顾过往 展望未来

四十多年来,我国改革开放取得了巨大的成绩,经济社会发展突飞猛进,经济总量跃居世界第二,综合国力和国际影响力实现历史性跨越,实现了从低收入国家向中低收入国家,再到中高收入国家的跃升,可谓筚路蓝缕。特别是党的十八大以来,我国不但面临着空前复杂的国内国际环境,还面临着经济结构转型,以及在转型过程中不断调整分配体制,以达到人民收入增长与宏观增长相协同,最终实现共同富裕的艰巨任务。

在当前波谲云诡的形势下,党中央、国务院一直坚持以习近平新时代中国特色社会主义思想为指导,将发展理念贯彻到工作的方方面面,不但在实践工作中已经探索出一套针对短期经济波动行之有效的宏观调控体系,也明确了发展中国特色社会主义的前行方向:走共同富裕的道路。习近平总书记在党的十九大报告中,明确地指出了现阶段我国社会主要矛盾是"人民日益增长的美好生活需要和不平衡不充分的发展之间的矛盾"。党的十九届五中全会也强调要"扎实推动共同富裕",在描绘2035年基本实现社会主义现代化远景目标时,明确地提出"全体人民共同富裕取得更为明显的实质性进展"。

编者按 北京大学经济学院专家学者热议2022年"两会"热点

  百年峥嵘岁月,中国共产党带领全国各族人民实现了第一个百年奋斗目标,开启了全面建设社会主义现代化国家新征程。虽然我国发展面临的风险挑战明显增多,必须爬坡过坎,但我们坚信,在中国共产党的带领下,中国人民也必将奋力攻坚克难。值此"两会"召开之际,我们期待看到我们的党和政府会如何规划实现第二个百年奋斗目标,也期待看到党和政府会如何积极面对接下来的风险和挑战,如何把造福人民的事业不断向前推进。

【目录】 CONTENTS

国际经济：互利互惠、求同存异

中国"双循环"的演进历程与实践路径　杜丽群 / 003

全球产业链重塑的新动向　陶　涛 / 015

高标准自由贸易协定是我国高水平对外开放的重要
抓手　王跃生 / 026

高水平对外开放与高质量发展　李　权 / 029

金融改革：严控风险，行稳致远

普惠金融的制度、技术与组织创新　王曙光 / 035

实施养老保险全国统筹需夯实三项基础　郑　伟 / 046

创新风险管理，推动绿色发展　刘新立 / 049

保险业助力全面推进乡村振兴战略　姚　奕 / 053

积极把握保险业发展机遇　锁凌燕 / 057

抓住"关键少数"，防范债务风险　张鹏飞　吴宏慧 / 060

如何防范与化解中国地方政府债务风险　朱南军 / 064

宏观调控：谋篇布局，纲举目张

以全国统一大市场筑牢市场经济根基　苏　剑 / 071

货币政策发力稳增长　施建淮 / 075

应关注货币政策的收入分配效应　宋芳秀 / 079

"两会"精神与货币政策调整　吕随启 / 084

畅通生产、分配、流通、消费四个环节
　　王大树　程　哲　塔　娜 / 089

营造公平、开放、透明、法治、有序的竞争环境　王曙光 / 093
落实就业优先政策重在"灵活"　王　熙 / 095
我国经济韧性强、潜力大、活力足　董志勇 / 099

产业发展：日新月异，如火如荼

数字经济全球化下我国集成电路产业安全与可持续
　　发展　张　辉　张明哲 / 105
优化财政政策,应对数字化转型的分配效应　袁　诚 / 112
破解现代化经济体系建设梗阻,奠定高质量发展雄厚
　　基础　张　辉 / 115
构建要素高效配置的统一畅通的国内市场格局
　　　王曙光 / 122
以技术创新和制度创新提供增长新动能　王曙光 / 125

民生建设：厚生利用，国泰民安

提升全民健康素养,服务健康中国战略　秦雪征 / 131
推动分级诊疗,提高医疗体系运行效率　石　菊 / 135
社会保障体系是保障和改善民生的基本制度和稳定
　　就业的重要工具　贾　若 / 138
城市的转型对于推进生态文明的转型至关重要
　　季　曦 / 141

改善生态环境,推动高质量发展
　　王大树　程　哲　塔　娜 / 147
推动区域城乡协调发展,打造系统动态均衡的新发展
　　格局　王曙光 / 150

企业创新：资源优化，守正创新

留抵退税助企业减负纾困焕发生机　刘　怡 / 155

数字时代平台企业垄断的治理策略　李连发 / 158

人工智能，科技准备好了，我们呢？　王　熙 / 162

科技创新与高质量发展　王大树　高　珂　李寒湜 / 168

优化要素配置　助力乡村振兴　闫　雨 / 171

尽快启动参量式养老制度改革，推进个人养老金

　　　制度　陈　凯 / 173

Part 1 国际经济:互利互惠、求同存异

中国"双循环"的演进历程与实践路径[①]

杜丽群

世界总是处于不断的发展变化之中,过去的一百年,全球爆发了两次世界大战,历经了冷战、苏联解体,以及南亚、西亚、北非、东欧等地区多个国家的多次冲突。2018年6月,习近平总书记在中央外事工作委员会会议上指出:"当前,我国处于近代以来最好的发展时期,世界处于百年未有之大变局,两者同步交织、相互激荡。"习近平总书记关于"世界处于百年未有之大变局"的论断引发了学界的热烈讨论。同时,百年间科技创新日新月异,21世纪以来信息技术突飞猛进,已经成为社会变革和转型发展的主要驱动力。我国当下正处在世界百年未有之大变局的加速演变期和中华民族伟大复兴的关键期,为了应对复杂多变的国际环境,为了全面建成社会主义现代化强国,我们必须加快构建以国内大循环为主体、国内国际双循环相互促进的新发展格局,着力推动高质量发展。

深入理解以国内大循环为主体、国内国际双循环相互促进的新发展格局的内涵,需要把握好这几个概念的含义以及国内大循环与国内国际双循环的发展历程及其相互关系。我国经济发展格局经历过多次调整,从早期的以国内大循环为主,到改革开放后逐渐深度融入国际经济大循环,再到现在以国内大循环为主体的国内国际双循环战略,每一次都是根据国内发展的需要与国际形势的变化,从而做出的战略调整。

---

① 原文发表于《人民论坛·学术前沿》2022年第23期,此处有删节。

我国内循环与外循环的战略转变，暗含了国家对当时历史背景下亟须解决的问题的战略部署。最早的国内大循环，针对的是国内工业发展落后的情况，而之后的国际大循环，针对的则是改革开放初期，农村劳动力过剩以及中国亟须融入全球产业链的问题，这一时期我国劳动力资源溢出，大量农村劳动力隐性失业，同时资金和技术又极为短缺，正需要通过参与全球产业链输出劳动力，输入技术与资金，达到均衡要素配比的目的。

1949—1978年，我国处在计划经济体制下的对外贸易统一管理阶段，以发展国内自循环为主，贸易仅作为国内经济的补充部分。这一阶段属于主要依靠国内循环的发展阶段，即国内大循环阶段。1978年，我国出口依存度（出口占GDP比例）为4.6%，进口依存度（进口占GDP比例）为5.1%，经济基本处于封闭状态。这一阶段的国内循环，是不利的外部形势下的无奈之举，同时也是不流畅的、矛盾重重的循环。中华人民共和国成立初期，国际形势严峻复杂，同时，我国轻工业比例过高，重工业基础薄弱，煤炭、钢材产量都很低，机器设备生产规模落后，也没有完整的工业化体系，只能优先发展重工业，从内部完成资本原始积累。因此，"一五"计划的重点是优先发展重工业。早期的工业化发展，是以农业的高积累作为基础，而人民公社化、"大跃进"等运动也在一定程度上损害了农业生产力。《财经大辞典》指出，中华人民共和国成立后中国经济直接发展重工业，农业和轻工业发展不起来，同时重工业在国际市场没有发展余地，只好自我循环，其中存在工业结构高级化与农村劳动力转移之间争夺资金的矛盾。针对国民经济比例失调的问题，陈云同志指出，国民经济能做到按比例发展就是最快的速度。到20世纪70年代，我国已建立了种类齐全的完整工业体系，同时恢复了联合国合法席位，为改革开放奠定了经济基础和国际环境基础。

改革开放四十多年来，我国经济经历了三个阶段：

第一阶段，主要依靠国内循环、逐步深度融入国际循环的发展阶段（1978—2001年），即国际大循环逐步推进阶段。1979年3月21日至23日，中共中央召开政治局会议，决定用三年时间调整国民经济。当时重工业的快速发展,也为我国经济进一步发展打下了基础。1978年以后,我国开始在沿海设立经济特区,把对外开放作为长期的基本国策,国内经济进一步发展。1984年3月22日,国务院在同意批转国家经济贸易委员会①《关于做好技贸结合和旧设备选购工作的报告》的批语中指出,"把对外商品贸易与引进技术结合起来……用我们的一部分市场换取国外的先进技术",这是国家首次对"以市场换技术"进行战略定位。1987年10月,时任国家计委经济研究所王建副研究员提出了《关于国际大循环经济发展战略的构想》,在国内首次提出了"国际大循环"概念,将农村劳动力转移纳入国际大循环,一方面解决农村剩余劳动力的出路,另一方面换取外汇,以此来武装重工业和技术产业,再利用技术产业的发展进一步转化剩余劳动力,以此实现循环。当我国进入全球产业链、中间品贸易构成的外循环阶段时,国际分工变成了同一产品零部件和不同工序之间的分工和贸易,国际贸易的重心转移到了中间产品的贸易上。在这一阶段,随着我国工业化战略的转变、经济体制改革的推进、对外开放的逐步扩大,大量外资涌入国内,工业得到了迅速发展,1997年工业生产总值大约是1979年的18.6倍,中国工业的国际地位显著提升。2001年,中国加入世界贸易组织(WTO),进一步放开了外贸经营权,外向型经济发展格局全面形成。

第二阶段,对外加速融入国际循环、对内完全放开贸易经营权阶段(2002—2011年),即国际大循环加速发展阶段。在这一阶段,政策导向从"鼓励出口"向"坚持出口和进口并重"转变,资本、技术等要素渐次涉足外循环。随着中国加入WTO,参与国际经济循环的内外部环境大幅优化,关税水平、贸易政策不确定性、贸易规则不透明性大幅下降,国内法律和行政管理制度改革,尤其是《中华人民共和国对外贸易法》的修订显著促进了统一、规范、透明的对外贸易制度体系的形成。2009年,中国出口额位居世界第一,之后长期保持这一位次。1992—2011年,中国累计实际利用外资金额达1.14万亿美元,是全球最重要的投资目的地;同时中国也解决了外汇短缺、国民储蓄短缺

---

① 2003年改为国家发展和改革委员会。

这两大发展中国家难题。此外,这一阶段的国际大循环,实际上为进一步内循环作好了铺垫,其均衡国内产业要素配比,使得国内各部门的生产能够彼此流通转化。

第三阶段,国内国际循环相对平衡的发展阶段(2012年至今),即双循环相互促进阶段。这一阶段的外贸政策以"稳增长、转方式、调结构"为中心基调,在建设强大国内市场的同时致力于更高水平对外开放。这一阶段的政策导向从之前的"进出口并重"转向2012年提出的"扩大进口规模",并于2017年进一步提出"积极扩大进口,促进贸易平衡"。具体来看,2012年提出要积极扩大先进技术设备、关键零部件和能源原材料的进口,扩大自发展中国家进口,鼓励开展直接贸易,并对多品种进口品下调暂定关税税率;2018年进一步提出要支持关系民生的产品进口,拓展对于"一带一路"相关国家的进口,举办进博会等进口促进活动,建设进口贸易促进创新示范区等进口平台。在即将全面建成小康社会,进而开启全面建设社会主义现代化国家新征程的历史交汇期,面对世界百年未有之大变局,面对国家发展优势和现实约束,我国确立了以国内大循环为主体、国内国际双循环相互促进的新发展格局。2020年5月14日,中共中央政治局常委会会议首次提出"深化供给侧结构性改革,充分发挥我国超大规模市场优势和内需潜力,构建国内国际双循环相互促进的新发展格局",以双循环促进经济复苏,推动经济结构调整。之后,党的十九届五中全会将"加快构建以国内大循环为主体、国内国际双循环相互促进的新发展格局"纳入"十四五"规划,推动我国开放型经济向更高层次发展。2022年4月10日,《中共中央、国务院关于加快建设全国统一大市场的意见》(以下简称《意见》)发布,提出打破地方保护和市场分割,打通国内大循环的关键堵点,推动我国市场由大转强,进一步明确了如何在国内打破小循环、畅通大循环的思路与做法。

一、世界百年未有之大变局下中国经济面临的选择

国际大循环战略指的是把市场重心放在国外,依赖国际市场循环带动国

内经济发展,其在实施过程中,也渐渐暴露出一些问题。这些问题部分与国际大循环战略本身有关,部分与国际形势、国内经济环境变化有关。经济过度依赖对外贸易,使中国面临国际收支失衡的问题,同时也不断扩大沿海地区和内地的经济差距。从 2000 年开始,我国对外贸易依存度连续走高,到 2006 年一度达到约 64%。对外贸易依存度过高,会导致持续贸易顺差;进而带来人民币升值压力、贸易摩擦频繁化、重要战略资源进口可能受制于国际垄断资本,乃至国际上出现"中国争夺资源"等负面舆论,不利于我国的经济安全。另外,中国经济已经有所成长,资本形成总额与研发投入相比改革开放初期已经大大提升,国产品牌逐渐发展起来,拥有了一定独立发展的能力。2008 年全球金融危机之后,我国外贸依存度逐渐下降,2019 年下降到 31.83%。近年来,我国已经拥有了比较完备的经济体系,而且劳动力增长速度也有所回落,综合来看,已经不再适合单一的输出劳动力、引入资金技术的国际大循环模式。

习近平总书记在接见 2017 年度驻外使节工作会议上首次提出:"放眼世界,我们面对的是百年未有之大变局。"世界处于百年未有之大变局是我们党立足于中华民族伟大复兴战略全局的基础上做出的重大判断。

第一,新一轮科技革命和产业变革是影响大变局的重要变量。以大数据、物联网、人工智能等为核心的新一轮科技革命正在快速推进,劳动力、土地等传统生产要素的地位相对下降,人力资本、技术成为核心生产要素,同时区别于以往工业革命主要替代体力劳动,智能化技术对简单脑力工作的替代可能导致中产阶级失业危机,收入分配差距进一步拉大。此外,在新冠疫情的冲击下,数字化技术普及的速度加快,并在商务办公、课堂教学、社区治理、生产生活服务等多个方面发挥了重要作用。

第二,2008 年全球金融危机以来,全球产业链发生了新的变化。亚洲开发银行、对外经济贸易大学全球价值链研究院、WTO 等联合发布的《全球价值链发展报告 2021:超越生产》中指出,全球金融危机后全球传统制造业价值链中的各类生产贸易活动均有所降温。产业链增长之所以进入停滞状态,是因为部分产业链分工已经抵达天花板,不可能继续细分和转移,而且很多发展中国家不满足于仅接纳全球产业链分工中的一小部分,而且开始拓展本土的产业链,以及由于自动化技术等的发展,发达国家劳动力昂贵的因素弱化,开始促进"产业回归"。同时,随着数字技术飞速发展,全球产业链分工的形态也在迅速演进,虽然制造业产业链发展有所停滞,但芯片、晶体管等复杂技术产品分工程度不断提升,数字服务产业加速搭建全球性平台,这些因素都在推动新型全球产业链、创新链的形成。近几年来,中美贸易摩擦导致多边经贸组织功能弱化,加之新冠疫情的暴发使得2020年的贸易量大幅下滑,全球价值链正在加速重构。

第三,错综复杂的国际博弈力量不断变化。一方面,进入21世纪以来,发展中国家群体性崛起,亚太经济持续快速增长,中国作为亚太地区的重要力量,与美国"对弈"的能力日渐增强。近年来,美国对中国华为、中兴等多家企业打压限制,发起"特殊301调查""232调查"等非常规贸易调查,出台对TikTok等企业的禁令,等等,中美贸易摩擦不断升级。在美国的笼络破坏下,将中国排斥在外的区域经济合作协议先后出炉,以WTO为代表的多边经贸协商机制被严重弱化。但同时,美国的霸权策略、遏华方针也渐渐被世界各国看清,2022年9月,印度以无利可图为由退出了美国部署的印太经济框架(IPEF)。另一方面,乌克兰危机爆发,美国等西方国家对俄制裁不断加码。俄罗斯通过出台天然气供应"卢布结算令"反制,欧洲能源危机一触即发。同时,俄乌均是全球主要的粮食出口国,乌克兰危机直接导致部分地区粮食短缺,全球食品价格也不断攀升。2022年9月,顿涅茨克、卢甘斯克、赫尔松和扎波罗热四地举行了加入俄罗斯的公投,再次加剧了紧张局势。随着时间的推移,乌克兰危机不仅对全球能源、工业、农业产业链造成巨大冲击,核战争的潜在威胁也在不断加深,危机一旦升级,对全球产业布局和国际局势将造成极大破坏。乌克兰危机既是俄罗斯与欧盟、美国的博弈,也影响着亚太安全。美国趁机挑动台海局势,日本也随之而动,有意将冲突从欧洲延伸至亚洲。随着我国综合实力不断提升,美国对我国越盯越紧,类似局面越来越频繁地出现,加速了世界格局的重构。

第四,新冠疫情的暴发加速了世界百年未有之大变局。一方面,新冠疫情对全球产业链带来了一定冲击,而对全球价值链的冲击又使得全球各经济体受到了较大影响,影响程度甚至超过了2008年全球金融危机。如,新冠疫情导致了2020年全球货物贸易额同比下降5.6%,这是自2008年全球金融危机以来货物贸易的最大同比降幅,中国的全球价值链(GVC)出口附加值下降0.174%,且短期内复杂GVC生产比简单GVC生产受冲击更为严重,2020年美国年度实际GDP同比下跌3.5%,欧盟同比下跌6.4%,日本同比下跌4.8%。另一方面,新冠疫情还可能带来债务危机。2022年3—9月,美联储连续五次上调基准利率,将联邦基金利息目标区间上调到至3%~3.25%,单次加息75个基点是美联储自1981年以来最大的加息幅度,半年内加息300个基点也是历史少见的。美联储过度加息导致流动性资产枯竭,并对全球资产流动造成了极大的扰动,欧元、英镑、日元等对美元汇率都跌至数十年来最低,对人民币也造成一定贬值压力。

除美联储之外,欧洲自债务危机以来就一直实行量化宽松政策,此次为应对疫情,欧洲中央银行再次加码量化宽松。全球大范围降息势必导致举债更加普遍,在全球疫情仍在蔓延的情况下,实体部门的负担将不断加重。

总的来讲,我国要积极应对世界百年未有之大变局与新冠疫情带来的一系列变化。新一轮科技革命的兴起为我国打开了进入国际科技前沿的窗口,同时,部分领域的垄断也使得相关企业面临"卡脖子"风险;债务危机的潜在可能使得美债收益率重回上行趋势,中资美元债融资环境收紧,可能使中国海外资产遭受损失;新一代信息技术驱动下的全球价值链调整,为加快提升我国产业在全球价值链中的地位创造条件,而中美贸易摩擦、多边贸易体制遭受沉重打击等因素也在增加我国参与全球价值链以及融入全球产业分工的难度;新冠疫情给全球经济带来猛烈的冲击,中国经济回暖对全球经济复苏具有重要而积极的意义。

因此,我国加快构建以国内大循环为主体、国内国际双循环相互促进的新发展格局,这一理性选择不仅是国内经济发展的战略转型,而且是面对世界百年未有之大变局不断演化、立足中华民族伟大复兴战略全局做出的战略部署。

二、中国"双循环"战略的实践路径

我国贯彻落实"双循环"战略,目的是确保在双循环框架下经济复苏呈可持续增长态势,一方面促进国内经济高质量发展,建设全国统一大市场,进一步大力发展实体经济,推动制造业高质量发展,既要从需求端着手构建新发展格局,坚持扩大内需战略,也要从供给端着手坚持供给侧结构性改革,双向齐头并进促成国内大循环;另一方面继续深度融入全球价值链,同时推进"南南合作",继续推进"一带一路"倡议,深化与合作伙伴的经济伙伴关系,打造高效的"一带一路"融资合作体系,深化与各经济合作组织的联系,打造互利共赢、携手复苏的合作格局,深度参与到国际大循环中。国内大循环打得通,中国经济才能顺利复苏,才有带动全球经济复苏的能力;国外大循环融得深,中国才能与世界各国有深度的经济联系,才有带动全球经济复苏的纽带,因此国内国际双循环战略对世界经济复苏有着至关重要的意义。

第一,推进国内大循环,重在推进要素的市场化。要素市场化改革是供给侧结构性改革的进一步深化,劳动力、土地、资本、技术以及数据等都是构成供给侧的要素。党的十八届三中全会明确提出,紧紧围绕使市场在资源配置中起决定性作用深化经济体制改革。《意见》指出,要打造统一的要素市场和资源市场,包括健全城乡统一的土地和劳动力市场、加快发展统一的资本市场、加快培育统一的技术和数据市场等。党的二十大报告提出,加快发展数字经济,促进数字经济和实体经济深度融合,打造具有国际竞争力的数字产业集群。当前,我国深入实施数字经济发展战略,数字产业化和产业数字化进程不断加快,数据要素的投入数量和配置水平已逐渐成为影响生产力发展的关键。数据要素的应用与市场化配置是近年来要素市场化的重点,2020年中共中央、国务院出台了《关于构建更加完善的要素市场化配置体制机制的意见》,将数据与土地、劳动力、资本、技术并列为五大生产要素。推进数据要素市场化配置还需要不断完善相关法律制度、市场规则,需要利用不断进步的技术手段来维护市场各交易主体的合法权益,同时,要发挥政府的市场监管职能,创造公平竞争的市场环境。

第二,改善国内营商环境,推进投融资便利化。2015年5月12日,国务院召开全国推进简政放权放管结合职能转变工作电视电话会议,首次提出"放管服"改革的概念。2020年5月22日,李克强总理在《政府工作报告》中提出,持续推进"放管服"改革。2022年,《意见》提出,建设全国统一大市场的主要目标之一是加快营造稳定公平透明可预期的营商环境。营商环境涵盖诸多领域,包括市场准入、获得信贷、办理破产、缴纳税款等都是在企业生命周期中至关重要的领域,提高这些领域相关的立法、监管、公共服务等水平,对于提升企业开办、投融资效率都有重要意义。加快线上服务系统建设,优化"全程网办""一窗通办"等服务措施,能提高企业办事效率。2020年,世界银行发布《全球营商环境报告》,中国位列第31,相比2018年的第78位有了较大提升,证明我国近年来在营商环境方面做出的努力已经取得一定成效。但同时我国营商环境评估还面临一些问题。一是目前中国的评价体系是参照世界银行评价体系制定的,由于世界银行评估系统只选取每个国家发展水平较高的城市作为评估对象,因此国内也主要把提升营商环境水平的任务交给北京、上海、杭州、深圳、广州等较发达的城市,相比之下中西部城市推进较慢,营商环境建设存在区域不均衡。二是世界银行自2020年开始停止了"Doing Business(DB)"营商环境报告评估,并于2021年9月发布了"Business Enabling Environment(BEE)"新营商环境评估体系,二者相较,新的评估体系将减少使用案例评估,而更加关注整体经济环境和法律法规实际执行情况,并将外资企业也纳入考察范围。在全球私营企业生存状态不良的情况下,这既是对我国营商环境建设更严苛的考验,也是更加全面地检验我国营商环境建设成效的机遇。

第三,稳定居民收入预期,拉动国内消费水平。《意见》指出,要推进商品和服务市场高水平统一,健全商品质量体系、全面提升消费服务质量。当前,国内经济复苏难以达到预期水平,很大一部分因素是消费复苏水平低于预期。影响消费复苏有多个方面的因素:一是就业形势始终不乐观,中小企业复工复产难,导致居民可支配收入增速的下降;二是全球疫情后,对未来的不确定性情绪导致居民储蓄倾向更强,消费意愿降低,也导致"报复性消费"并未如预期般提升消费水平。针对以上情况,可采取下列措施:一是稳定居民的预期收入,协助企业复工复产,发放失业保障金,关注应届生就业问题等;二是促进产品和服务质量的提升,围绕消费品制造业、服务业等行业增品牌、提品质,同时关注消费行业新业态发展,网购、快递需求量增加,应适当根据消费者需求加大政策配套和引导,加速零售商业模式改革,积极推动构建更完善的互联网金融法律体系;三是培育养老消费与健身等健康消费,完善教育培训的消费市场。此外,不同消费群体的储蓄倾向存在显著差异,赡养负担、居住地、学历水平、是否拥有证券类资产等因素都对居民消费倾向存在显著影响,消费刺激的出台政策应针对不同群体"对症下药"。

第四,完善自由贸易试验区建设,推进创新外贸模式。2013年9月至2020年9月,中国已分多批次批准了21个自由贸易试验区及海南自由贸易港,被称为中国改革开放的新高地,推动形成了我国新一轮全面开放格局。其中,自2018年开始建设的海南自由贸易港,在《区域全面经济伙伴关系协定》(RCEP)生效的条件下,有望成为国内国际双循环的重要交汇点,以及双循环的高端平台。设立自由贸易试验区,不仅可以显著提高地区GDP增长率,而且能够促进投资和进出口的增长,更凸显资本技术密集型行业的集聚效应。当前,各自由贸易试验区已有服务贸易负面清单、中欧班列集拼集运新模式、"四自一简"海关监管新模式、"一带一路"跨国农业发展产业链等创新成果。应继续完善自由贸易试验区基础设施建设,扩大税收优惠范围,保障企业营商环境,推动自由贸易试验区不断创新外贸模式,试验适应中国外贸情况的"新规则"。

第五,大力推进"一带一路"建设,促进与沿线国家互利互惠。截至2023年6月底,我国已与150多个国家、30多个国际组织签署230余份共建"一带一路"合作文件,涵盖投资、贸易、金融、科技、社会、人文、民生等领域。"一带一路"倡议有利于中国与沿线国家分享优质产能、加深贸易联系,对于各国经济复苏与发展的作用主要体现在以下几个方面:首先,促进中国与沿线各国的贸易发展。"一带一路"倡议沿线国家众多,消除贸易壁垒、商建自由贸易区是"一带一路"倡议的重要内容之一。其次,促进中国企业在沿线国家的投资。"一带一路"倡议显著推动了我国对外的直接投资,而我国对外直接投资的增长又有利于提升东道国企业的创新绩效,促进各东道国的产业结构升级,有力地支持这些国家的经济复苏。再次,中欧班列的开通助力经济复苏。截至2021年11月底,中欧班列历年累计开行47 414列,运送货物共计10.3万吨。中欧班列的开通、运转,有效降低了疫情对全球产业链、价值链的冲击,是全球经济复苏的一大动脉。最后,数字服务的推行助力"一带一路"沿线国家数字基础设施建设。2017年,习近平总书记在"一带一路"国际合作高峰论坛开幕式上指出:"推动大数据、云计算、智慧城市建设,连接成21世纪的数字丝绸之路。"近年来,国内互联网企业高速发展,在"一带一路"建设中,我国互联网企业也积极输出,在东南亚、南亚部分国家和地区推行数字平台、移动支付等应用。

第六,全面发展经济伙伴关系,推进区域经济一体化。中国积极参与各区域的合作。与发展中国家合作方面,2018年3月,亚太11国达成《全面与进步跨太平洋伙伴关系协定》(CPTPP)。2022年1月RCEP开始实施,在世界经济衰退的背景下,亚太区域经济合作取得了进展。RCEP生效实施后,东盟10国已经成为我国最大的贸易伙伴。此外,中国近年来还倡议和主导许多双边合作论坛,如中非合作论坛、中阿合作论坛、中国—中亚合作论坛等,以及中国对非洲国家的经济金融支援等,全面推进与发展中国家的经济伙伴关系。区域经济一体化是发展中国家经济合作的重要形式,其打破了要素流动的地域限制,使得贸易成本下降,有利于促进产业集聚,同时加强信息交流,避免产业趋同化发展,有利于区域经济的恢复和增长。在中美贸易摩擦的背景下,我国众多科技企业遭到美国的限制,行业"卡脖子"问题仍有待解决,加之发达国家当前的产业链回流现象,中国的价值链有必要通过东盟"10+1"自由贸易区和日韩产品来完善、补充。与发达国家合作方面,以美元为核心的国际货币体系仍在发挥作用,以发达国家为中心、以发达国家与亚太新兴国家的分工合作为主线的循环构成了全球价值链的主要链条。这一链条中,以中国为代表的新兴发展中国家输出制成品和生产性服务,并将获取的外汇通过债务或间接投资的方式流回发达国家,由此构成了以发达国家为中心、发展中国家为外围的循环。中国在这一循环中仍发挥着关键作用,且短期内不会退出。虽有产业链回流的说法,但这一链条目前仍是全球价值链的主链条,究竟是真正有回流的大趋势,还是常规的动态调整,尚存在颇多争议。

(作者系北京大学经济学院教授、博士生导师)

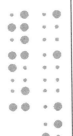

全球产业链重塑的新动向

陶 涛

近年来,中美地缘关系紧张、新冠疫情全球蔓延加大了贸易壁垒、地缘政治风险和离岸生产及国际贸易的风险,并推动全球产业链剥离中国,加速向全球或区域性低成本中心转移,或向发达国家回流,抑或进一步向消费市场分散。对于中国产业而言,全球产业链外移趋势加强,高科技核心部件断供风险加大,参与全球产业链的成本和风险提高,虽然这并不意味着较长时间内中国在全球产业链中的核心地位会发生根本变化,但中国利用全球产业链整合实现产业升级和先进制造业发展将变得越来越困难,因此有必要针对新动向采取对策。

一、中美贸易冲突和新冠疫情对全球产业链造成冲击

首先,中美贸易冲突提高了中国关联产业链的贸易壁垒,加大了全球产业链的贸易成本和地缘政治风险。2017年以来,特朗普政府基于其"美国第一"的经济战略方针,对内推行经济民族主义,对外实施贸易保护主义:一方面退出一系列国际协定,重新启动区域贸易协定谈判;另一方面针对特定产品或特定国家提高贸易壁垒。2018年,美国对进口钢铁和铝产品加征关税,此后尤其针对中国不断挑起贸易摩擦。2018年7月到2019年9月,分阶段对自中国进口的500亿美元、2000亿美元和1200亿美元商品加征10%~25%的关税,

---

① 原文发表于《人民论坛·学术前沿》2022年第7期。

限制中国产品对美国的出口,尤其是与中国先进产业发展有关的产品。而且冲突不断向投资、科技等领域扩展。美国加大对中国企业在美国的投资限制,加强对中国企业的技术管制和投资审查,对双方留学生交流、技术交流与合作设置障碍,对中国企业实施技术封锁和禁运。2020年年初,中美经多次会谈达成第一阶段协议,关税由升转降,贸易冲突有所降温。但投资和技术冲突仍在持续,中国对美国的直接投资连年大幅下降,被美国列入"实体清单"的中国企业和机构数目不断增加。

贸易冲突提高了中美贸易壁垒,使中美之间的贸易成本大幅上涨,从而提高了与此相关的全球产业链的贸易成本。作为科技冲突的环节之一,美国对中国部分企业实施软件、设备和核心部件断供的行为导致部分生产环节中断,不仅对一些中国企业主导的全球产业链造成重创,还对关联产业链构成冲击。中美冲突的广度和深度表明美国意欲与中国供应链脱钩,遏制中国先进产业的国际竞争力,表明美国对中国的战略发生了根本变化。根据2017年美国《国家安全战略报告》(The National Security Strategy),美国已将中国视为"头号竞争对手",对中国制造业和先进产业施加打击,将是美国的长期战略。中美冲突的长期性成为严峻现实,在地缘政治风险之下,全球产业链开始加快撤离中国,向贸易壁垒低,或与美国"友好"的地区转移。

其次,新冠疫情暴露了全球产业链的脆弱性,加强供应链韧性的需求日益迫切。新冠疫情导致全球性的城市封锁、生产停顿和供应链中断,暴露了全球供应链的脆弱性,以及在全球范围内传播危机的可能性,突出显示了离岸生产,以及过度集中生产的风险。由于重组全球供应链的成本较高,跨国公司提高供应链韧性的常规策略是加强风险管理。自然灾害、突发事件对供应链造成冲击是不可避免的,比如之前日本"3·11"大地震及海啸、美国西海岸港口罢工以及非典(SARS)暴发等事件都波及了全球供应链。企业通常会采取增加库存、加强供应链监测、提高风险可预见性等强化供应链风险管理措施来应对。但是对于这次波及全球、持续数年的疫情所造成的冲击,常规的风险管理措施难以应对,重组全球供应链已势在必行。针对提高韧性的不同层面,供应链重组有两个不同的方向：一个方向是回流本国、缩短跨境供应链，以降低过于依赖外部的脆弱性，由此降低因供应链过长而遭受外部冲击的可能性；另一个方向是向外分散，如靠近各个市场进行分散式生产，提高供应、经营和分销的多样性，以降低生产过于集中的脆弱性。因此，企业为提高供应链韧性而重组供应链的决策，可能推动全球产业链向发达国家回流，或向各终端市场分流。

在中美贸易冲突和新冠疫情的双重冲击下，为了降低成本、规避风险、提高韧性，全球产业链加速从中国撤离，回流欧美国家，或向更低成本地区分流，或向终端市场分流。至于全球产业链究竟以何种速度、沿着哪个趋势变动，将因产业链的行业属性而异，也受生产成本、市场结构、发达国家产业链安全战略动态的影响，并受技术进步程度约束。

二、全球产业链行业属性决定了其关键驱动因素

不同行业的全球产业链因行业技术复杂度、规模经济特征及技术标准化程度差异，关键驱动因素不同，产业链结构有差异，受外部冲击的反应也各不相同。就制造业而言，全球产业链结构大致有三种类型：

第一类是纺织服装、玩具鞋帽和家具等劳动密集型行业，因投入品少、技术复杂度相对低，行业技术比较成熟，生产区位决策的关键因素是生产成本，尤其是劳动力成本。全球产业链主要由大型销售商和品牌商主导，在全球范围内向低成本中心转移，是典型的全球性产业链。

第二类是机械、汽车等资本密集型产品，因投入品多、技术复杂度高，规模经济效应明显，且没有实现完全标准化，生产趋向集中。因产品体量或重量大，贸易属性低，生产区位决策的关键因素是市场。全球产业链由拥有垄断优势的品牌商主导，装配和关键部件生产集中于消费市场或靠近消费市场，而标准化程度高的通用性零部件则在全球寻求低成本生产中心，因此，产业链兼具全球性和区域性。

第三类是电脑、手机等技术密集型产品。在早期的非标准化阶段，产品技术复杂度高,品牌商作为垄断厂商组织垂直一体化生产,在全球低成本中心组装和组织生产非核心部件;到了标准化阶段,产品模块化程度高,品牌商和主要技术平台(模块供应商)共同主导,生产主要是规模经济导向,产业链在全球范围内向产能中心转移。总体来说,劳动密集型全球产业链对生产成本最为敏感,供应链的全球性特征决定了其对贸易成本也非常敏感;资本密集型全球价值链对市场规模和结构最为敏感,供应链的区域性特征决定了其对贸易成本敏感度低;技术密集型全球价值链对产能水平和熟练劳动力规模最为敏感,因组装环节的劳动密集属性,其对生产成本也较为敏感。

中美贸易冲突和新冠疫情提高了贸易成本、地缘政治风险和全球供应链的脆弱性,并没有冲击生产成本、终端市场、产能水平等离岸生产的关键区位因素,因此不会直接对全球产业链发展造成颠覆性影响,但可能通过影响上述关键区位因素产生间接效应。比如影响越南等新成本中心与中国的相对成本、产能和基础设施条件的动态变化;影响欧美国家吸引制造业回流、保证供应链安全的战略措施调整;影响非常关键的、推动资本替代劳动和生产流程再造的技术进步速度。

三、国家间相对生产成本和市场结构动态是全球产业链的核心驱动力

生产全球化的根本动机是国家间的要素价格差异,尤其是劳动力价格差异。跨国公司通过对外直接投资或离岸外包组织跨境生产,将产品的零部件或劳动密集型生产环节放到低劳动成本国家,可以降低生产成本、提高产品竞争力。离岸生产势必要跨境连接,又会产生大量跨境组织生产的连接成本。因此除了生产成本、贸易成本、交易成本、生产的规模经济以及终端市场距离等因素都会影响跨境生产的规模与结构。

20世纪90年代中期全球价值链兴起时,中国正进入改革开放新阶段,从局部开放转向全面开放,全面实施出口导向战略。稳定、优惠的对外开放政策、大量廉价劳动力、十多年加工贸易积累的产能和技能、不断完善的基础设施,形成了垄断性的生产优势,吸引了大量离岸生产。纺织服装、玩具鞋帽、家

具以及计算机电子产品等成本导向的全球产业链不断向中国集中。进入21世纪之后,中国人均收入水平快速提升,消费市场开始扩大,作为潜力巨大的区域性市场,又吸引了机械、汽车等资本密集型产业链向中国集中。成本、产能以及潜在的市场还吸引了电脑、手机等技术密集型产业链向中国转移。在进入21世纪第二个十年之际,中国已经成为全球最重要的区域和全球生产中心。

之后中国人口红利逐渐消失,劳动力成本上升,与发达国家的工资差距不断缩小,作为低成本生产中心的优势减弱。而越南自21世纪初加快了改革开放的步伐,2006年加入WTO,先后与其他国家签署了16个自由贸易协定,表明越南对外开放积极融入全球化的决心。在对外开放模式上,越南积极建设经济、产业园区,实施优惠的税收、信贷、土地政策,积极推进基础设施建设。2015年越南总人口为9 300多万,人口中位数只有30岁,一半以上为青壮年人口,工资水平却只有中国的1/3。越南大量廉价的劳动力使之取代中国,成为最具吸引力的全球低成本生产中心。此外,柬埔寨、印度等低成本国家的吸引力也在不断增加。生产成本的相对变化必然促进对成本敏感的生产线转移。21世纪第二个十年,纺织服装、鞋帽等劳动密集型产业链不断从中国向越南等东南亚、南亚国家转移。

中国在劳动力成本上升的同时,熟练劳动力规模不断增加,传统及信息基础设施越来越完善,产业链渐趋完整且产能巨大,这些都形成了新的生产优势,吸引智能手机等受产能驱动的全球产业链向中国集中。在需求方面,随着中国人均国民总收入总体达到中等偏上收入国家水平,中国消费市场规模急速扩张,对高质量、多品类的商品需求也不断提升。借由互联网经济繁荣的推动,中国国内市场规模效应越来越显著,吸引了工业机器人、电动汽车等产业链向中国转移。因此,一方面,中国劳动力成本上升推动劳动密集型产业链向低成本生产中心转移;另一方面,产能优势和市场优势不断吸引资本密集型产业链和技术密集型产业链向中国集中。因此,在中美爆发贸易冲突之前,中国不仅是全球和区域生产中心,也是不断扩张的全球和区域性需求中心,在投入和需求方面都在全球产业链中居重要地位。

中美贸易冲突和新冠疫情的冲击增强了劳动密集型全球生产链向低成本国家转移的趋势,不仅转移速度加快,转移的行业范围也在扩大。一些产品标准化程度高、规模效应不显著、对贸易成本敏感的电子终端产品、自行车等产业链加入了转移之列。比如,2019年任天堂将部分Switch游戏机生产线转移到越南;索尼关闭在北京的智能手机工厂,将生产转移到泰国;美国肯特自行车公司决定在2—3年内将50%的生产环节转移到柬埔寨;2021年富士康宣布缩减在美国建厂的投资计划,加大在越南、印度的建厂力度。

但是,中美贸易冲突和新冠疫情对寻求中国市场的资本密集型产业链的影响并不显著。因为越南等新成本中心虽然生产成本极具优势,但较之中国,其工业基础设施、熟练劳动力规模、产能水平、供应链完整性以及信息基础设施方面还没有形成优势。对产能敏感的技术密集型产业链也不会发生规模性转移。新冠疫情持续蔓延之下,越南、印度等地生产和供应链受疫情影响难以快速恢复并扩张,苹果公司增加在中国的订单即表明中国的产能和供应链优势依然具备吸引力。

四、欧美国家供应链安全战略将加大制造业回流趋势

在发展中国家不断改善国内生产经营环境,以降低跨国公司离岸生产的生产成本和连接成本、吸引全球产业链流入的同时,发达国家也在不时调整政策制度环境,吸引制造业回流。

全球金融危机之后,欧美国家普遍实施再工业化战略,制定优惠政策吸引制造业回流,但效果并不显著。2008年全球金融危机之后的经济萧条放大了全球化和离岸生产对国内就业与收入的负面影响。欧美发达国家认识到制造业对就业的重要性,出台一系列税收和补贴措施吸引制造业回流本国。据科尔尼公司的追踪研究,2009年之后美国制造业回流事件逐年增多,涉及行业也比较广。2010—2014年,制造业回流事件分别有16、64、104、210和300起。电器和电气设备、运输设备、服装、计算机与电子产品四个行业的回流事件占

1 Part
国际经济：互利互惠、求同存异

比一半以上，主要是交付期要求高和品牌敏感程度高的产品。可见回流的主要动机是保证质量、提高灵活性、缩短交付期等。正因为如此，从美国制造业进口与产出的相对数据来看，制造业并没有出现离岸生产回流的趋势。2011—2018年，美国科尔尼回流指数基本处于下行趋势，来自包括中国在内的14个亚洲低成本经济体的制造业进口占比一直上升。显然，补贴、税收、采购等措施虽然降低了本土生产和经营成本，但是幅度小、期效短，不能弥补美国本土与低成本国家之间的成本差异。况且美国熟练劳动力相对缺乏，不足以支撑大规模生产。尽管众多美国企业宣称回流，但未必将全部生产搬回美国，可能只将总部或组装部门搬回以获取政策红利，主要生产线继续留在中国，或向越南、墨西哥等全球性或区域性低成本中心转移。

新冠疫情之后，不仅跨国公司为提高供应链韧性进行供应链重组，欧美国家政府也纷纷确立提高经济和社会韧性的战略目标，以维护国家经济安全为名，出台各种措施吸引制造业尤其是高科技生产环节回流，降低对跨国生产的依赖。一方面，通过审查本国企业的供应链安全、提高供应链的绿色标准，对外国供应商设置障碍。如2021年6月美国发布《建立弹性供应链，振兴美国制造业，促进广泛增长：第14017号行政命令下的百日审查》（Building resilient supply chains, revitalizing American manufacturing, and fostering broad-based growth）报告，对半导体、电池、关键矿物和材料、药品等关键性行业的供应链进行安全审查；将供应商过度集中于某些国家，中国的竞争和管制等因素视为影响美国供应链安全的重大风险。2022年2月，欧盟发布了《关于企业可持续尽职调查指令的立法提案》（A proposal for a directive on corporate sustainability due diligence，简称"欧盟供应链指令草案"），要求欧盟公司履行尽职调查义务，确保其外国供应商符合人权和环境标准。另一方面，实施产业政策，支持制造业，尤其是核心技术产品的本国生产。2021年年底，美国国会通过《重建美好未来法案》（Build Back Better Act），支持电动汽车行业发展。2022年2月，美国众议院通过《2022年美国竞争法案》（America Competes Act of 2022），计划创立芯片基金，拨巨资鼓励扶持美国半导体生产和供应链。同月,欧盟发布《欧洲芯片法案》(European Chips Act),拟斥巨资重点支持欧盟芯片生产。

美国挑起中美贸易冲突的意图很明显,就是遏制中国先进制造业的竞争力,降低美国产品对中国生产的依赖程度。供应链安全战略之下,美国不仅继续加大对中国的遏制,还直接支持本国先进制造业的生产。这些政策调整对美国制造业,尤其是重点支持行业的本国生产及生产回流形成吸引力,同时也对离岸生产构成了压力。毕竟,美国劳动力成本高、熟练劳动力数量不足等劣势依然存在,制造业以多大程度、何种速率回流还取决于相关技术进步的程度。技术进步始终是塑造全球产业链结构的关键力量,也是推动全球产业链兴起、扩张的主要驱动力。20世纪90年代中期以来,信息与通信技术革命推动产业技术进步,随着产业技术日趋成熟和标准化,产品的很多生产环节可以独立为一个个任务,生产环节可以分割,将不同的任务或模块交给不同的企业、放到不同的地方进行生产,然后再装配到一起,就可以充分利用不同地区的比较优势,实现帕累托最优。这样一来,产品层面的国际分工就转向了任务层面的国际分工。与此同时,通信技术进步和多边贸易体制下的经济自由化浪潮不断降低跨境交易成本和贸易成本,为跨境生产提供了经济可能性。20世纪90年代初冷战结束,转轨经济体融入经济全球化;中国也进入全面开放的新阶段。这就为跨国公司在全球范围内寻求跨境生产地提供了更大的地理空间。技术、经济和政治上的可能性和便利性推动了纺织服装、机械、电子、汽车等产业的生产不断在区域和全球扩张,逐渐形成了全球性或区域性产业链,表现为:产业链长度不断扩大,地理分散程度不断加大,生产呈现全球化趋势;跨境生产和全球产业链不断向中国集中;各国贸易依存度不断上升,生产的相互依赖程度不断加大。

技术进步水平限定了全球产业链重组的步伐。进入21世纪第二个十年,新一代信息技术迅猛发展和应用不断改变产品的要素密集度和生产的整合度,由此降低了跨境生产的成本驱动力,提高了生产集中度。比如生产的自动化降低了对劳动力的需求,导致了资本对劳动的替代;人工智能以及生产智能化改变了生产要素投入结构,降低了对简单劳动力的需求,提高了熟练劳动力、商业服务、数据作为投入要素的重要性。产品要素密集度的变化,使得单纯拥有简单劳动力的国家的比较优势减弱,而拥有熟练劳动力、商业服务和数据的国家在全球产业链中的比较优势增强。相对比较优势的变化自然就降低了发达国家跨国公司寻求低成本离岸生产的动力,因此,对劳动力成本敏感程度低的离岸生产回流的动机就会加大。但是这种技术进步及其应用的进展并没有那么快,到21世纪第二个十年的后期,自动化和流程再造对供应链以及劳动力的替代还局限于部分领域和环节,劳动力成本还是决定生产区位的主要变量。正因为如此,在2008年全球金融危机之后,欧美的再工业化政策、中国生产成本上升等环境变化推动全球产业链重组的主要方向并不是大规模回流发达国家,而只是小部分回流,大部分向低成本国家分流。技术进步将是推动未来全球产业链重组趋势的关键因素。2017年高盛公司的一份研究报告指出,如果将苹果手机在中国的加工装配全部搬迁到美国,生产成本将提高37%。美国通过提高生产自动化和流程再造可望在5年后弥补22%的新增成本。这表明自动化等流程改造需要较长的时间,对劳动力的替代也有一定限度。富士康公司于2018年在美国投资设厂,2021年宣布缩减在美国投资,加大在越南和印度投资。这也表明替代劳动力的技术进步还远没有发展到可以摆脱对劳动力依赖的程度。但可以肯定的是,中美贸易冲突和发达国家的供应链安全战略将加快信息技术的全球竞争,加大颠覆性技术出现的可能性,也将加快新工业革命的进程。《2020年世界投资报告》(World Investment Report 2020)指出了影响未来全球产业链变动的三项技术进步趋势:机器人自动化、加强版供应链数字化和增材制造。机器人自动化将降低生产中的劳动力成本,将促进分散流程的重组和回流;加强版供应链数字化将降低生产网络的管理成本和交易成本,推动全球产业链的平台化,提高中小企业供应商参与全球产业链的程度;增材制造将改变全球产业链的价值结构,推动生产环节分散化,使其靠近市场和客户。上述技术进步的趋势和进程决定了全球产业链重组的趋势和结构。

综上，近十年来，各国相对生产成本、政策举措、需求结构以及新兴技术的动态发展，促使中国成为全球最重要的生产中心和需求中心，同时推动全球产业链逐步向更低成本国家转移，或向发达国家回流，并趋于短链化和区域化。当下，中美地缘冲突、大国技术竞争以及供应链安全和韧性策略，推动全球产业链调整出现了一些新动向：

第一，中美地缘政治风险和供应链韧性目标推动全球产业链加速向全球或区域性低成本中心转移。进展依赖于新成本中心的相对优势和数字技术的应用。

第二，受欧美供应链安全战略推动，资本密集型和技术密集型全球产业链将加快回流。总体进展依赖于机器人自动化和智能制造等技术进步，但半导体等先进制造的关键环节以及发达国家国产化率低的高附加值环节会快速回流。

第三，资本密集型全球产业链继续向区域消费中心集中，同时显示出向消费地分散的驱动力，关键取决于分布式生产等技术进步。

第四，发达国家对研发设计、关键原料投入以及核心部件生产的控制力度加大，全球产业链的知识密集度不断提高。

当前形势及全球产业链调整动向对中国产业形成双重压力：一是中美贸易摩擦的直接影响，二是全球产业链调整新动向对国内产业链的冲击，导致中国产业参与全球产业链的贸易壁垒、绿色壁垒和供应链安全风险不断提高，利用全球产业链整合推进先进制造业发展变得越来越困难。因此我们需要多元化应对。

首先，对供应链安全进行评估并应对。中国虽然是全球重要的生产中心，拥有完整的产业链，但某些投入和生产环节严重依赖国外。众所周知，芯片等高科技投入及其生产设备的依赖度非常高。石油、铁矿石、大豆等初级产品的依赖度也很高，且进口集中度高。不仅如此，还有一些生产设备及其零部件虽然有国产替代品，但由于国产替代品质量不被认可，其进口仍然是产成品国际竞争力的重要保障。因此需要对相关供应链进行风险评估并制定出有效对策。

其次，对成本导向型产业链剥离中国持开放态度。纺织服装、电子行业的产业链向东南亚、南亚等低成本中心转移是近十年来全球产业链重组的基本方向，转移的主要驱动力是中国劳动力成本上升，这也是中国产业在全球产业链中不断升级的结果。因此，不妨顺应产业链外移的趋势，主动调整产业链，将部分环节转移出去，在继续获取价值链收益、推进国内产业链升级的同时，寻求提升产业链的多元化和韧性。

再次，持续改善中国制造的硬环境和软环境，推进高水平对外开放，吸引高质量产业链。当前，外部环境虽然提高了中国产业参与全球产业链的成本和风险，但并不意味着中国在全球产业链中的核心地位将发生根本变化。中国在熟练劳动力规模、制造能力、供应链完整性，以及传统基础设施和信息基础设施方面拥有巨大优势；中国作为巨大且持续扩张的消费市场的吸引力更是毋庸置疑。尽管欧美国家吸引制造业回流政策、贸易壁垒提高以及新兴成本中心产能不断积累等因素形成了一定的反向引力，我们还是可以通过继续打造高质量的营商环境和坚实的产业基础，努力推进高水平对外开放，持续增强中国制造的竞争力。

最后，确立新形势下发展先进制造业的战略和机制。针对全球产业链知识密集度提高和发达国家加强对高技术环节垄断与封锁的现状，有必要打造新全球化生态，加大信息基础设施建设、提高生产性服务业效率，发展绿色经济，大力促进国内先进制造业的创新与发展，同时吸引知识密集度更高的全球产业链。

（作者系北京大学经济学院教授、博士生导师）

高标准自由贸易协定是我国高水平对外开放的重要抓手

王跃生

李克强总理在2022年《政府工作报告》中谈到我国对外开放政策时指出，"推动与更多国家和地区商签高标准自贸协定。坚定维护多边贸易体制，积极参与世贸组织改革"。应该说，这一政策既是我国多年来一贯坚持的经济全球化和高水平开放政策的体现，又是针对当前经济全球化新特点与国际战略新格局提出的新思路，是对新形势下我国对外开放政策的精准定位，也是对过去若干年我国对外开放成功经验的精辟总结。

的确，世界经济发展和中国改革开放几十年的经验证明，经济全球化和多边贸易体制是维护世界经济大局稳定和促进各国经济发展的重要保障，对外开放是中国经济高速发展和人民生活水平不断改善的基本前提，我国当然要坚持经济全球化的大方向，维护世贸组织为核心的多边贸易体制，坚持改革开放的基本国策。然而，自从进入21世纪，特别是2008年全球金融危机以来，美式经济全球化和多边贸易体制的弊端也日益显现，逆全球化、反全球化、保护主义、孤立主义等潮流愈演愈烈，封闭自保、动辄制裁、以邻为壑、损人利己等做法层出不穷，世界经济全球化的基本结构受到严重破坏，多边贸易体制日渐失灵，濒临解体。在这种情况下，我们对于维护和推进经济全球化与多边贸易体制，对于坚持对外开放基本政策，既要有坚定的决心，又要有新的思路。

世界经济上百年特别是第二次世界大战后七十多年来的实践，以及全部开放经济学的基本理论都表明，开放合作、发挥比较优势能够创造最大财富，增进人类福祉，因此，我们必须坚定地维护和坚持开放、合作与发挥比较优势

国际经济：互利互惠、求同存异

的理念，维护和坚持经济全球化的大方向与多边贸易体制的大框架。然而，经济活动毕竟离不开政治环境和社会条件，经济政策毕竟与政治体制以及意识形态密切相连，特别是在国际经济关系中，地缘政治、全球战略、意识形态、大国竞争等因素影响巨大。在当前百年未有之大变局下、在大国竞争与地缘政治因素凸显的时候、在利益集团与民粹主义甚嚣尘上之际，要想全面回归经济全球化的黄金时代，回到多边贸易体制最为兴盛的时期，确实并非易事，可能需要较长时间的调整、磨合。这就是说，进入经济全球化新时代，全面形成多边贸易体制的新框架并在全球实施，是一个长期的、可能需要几十年时间才能达成的目标。

然而，世事总是在关上一扇门的同时又打开一扇窗。世界经济要发展，各国经济要繁荣，人民福利要提高，这是亘古不变的追求，不可能因为经济全球化受挫就有所改变，全球化只是实现这些追求的方式。在全球化与多边贸易体制停滞的同时，我们发现，各种以双边、诸边（小多边）、区域、次区域经济合作为形式的对外开放与国际经济合作进入高潮，又重新成为国际经贸关系的中心。无论是早已有之的欧盟（欧元区）的高水平经济一体化、东盟经济一体化的日渐深入、中日韩自由贸易区、北美自由贸易区，还是新近形成的新版《美墨加三国协议》《中欧双边投资协定》《区域全面经济伙伴关系协定》（RCEP）、《全面与进步跨太平洋伙伴关系协定》（CPTDD）等都表明了这种趋势。这些双边、诸边（小多边）、区域、次区域的经济合作关系，由于参与方较少、相互之间经贸关系更为密切、经济发展水平和利益诉求较为接近，往往更容易达成一致，带来更直接的经济利益。加之，在这些有选择的合作关系中，地缘政治和意识形态、大国竞争因素较少，也大大降低了交易成本，保证了协议的达成与合作的顺畅，由此逐渐成为贸易投资自由化与开放合作的主要形式。

我国一直把双边、诸边（小多边）、区域、次区域经济合作与贸易投资自由化作为对外开放与国际经济合作的重要形式。我国与东盟国家的经济合作不断深化堪称区域合作的典范，以此为基础形成的《区域全面经济伙伴关系协定》（RCEP）则是新时代区域经济合作的代表性成果。中国与日韩、澳新等区域国家的合作也具有重要意义。至于《中欧双边投资协定》则是不同经济发展水平和不同经济体制国家之间高水平贸易投资自由化的代表。中国发起的"一带一路"经济合作更是跨区域开放合作的集大成者和最新尝试。这些双边、诸边(小多边)、区域、次区域经济合作，实实在在地扩大了相互出口市场、便利了资本等生产要素流动、促进了相关方的产业发展和转型升级。中国与东盟互相成为最大贸易伙伴，就是这种合作关系的直接成果。

由此观之，未来相当长的时期内，双边、诸边(小多边)、区域、次区域经济合作与贸易投资自由化将成为我国对外经贸关系发展的主要形式，也是未来推进多边贸易体制发展和我国高水平对外开放的重要抓手。没有这些区域经济合作，我们的高水平对外开放就失去了最大的推力；静等经济全球化和多边贸易体制则远水不解近渴，"好看未必好吃"。事实上，多边贸易体制本来就是在各种双诸边和区域自由贸易机制基础上发展起来的，未来的经济全球化和更高水平的贸易投资自由化，也需要从小到大，由浅入深，一步步形成。在这一过程中，我国则有可能根据不同情况积极参与或主导各种形式、各种水平、各种规模的区域经济合作，逐步提高我国开放型经济的水平和贸易投资自由化标准，以此成为我国高水平对外开放政策得以实施的平台和向前推进的重要抓手。

在这一过程中，我国所要做的，一方面是进一步扩大此类协定的规模、提升标准，与更多国家和地区组建、商签更多的双边、诸边(小多边)、区域、次区域贸易投资自由化协定，按照国际经贸规则的发展趋势提升合作内容和开放标准；另一方面，要充分利用既有和已经形成的机制与平台，创造条件，尽早完成协定谈判、签署落实、付诸实施，让这些已经落地或即将落地的协定与机制发挥最大效能，借这些机制促进我国深化改革和扩大开放，将我国高水平对外开放向前推进。

(作者系北京大学经济学院教授、博士生导师)

高水平对外开放与高质量发展

李 权

2022年《政府工作报告》强调扩大高水平对外开放,以高水平开放促进深层次改革、推动高质量发展。世界正经历百年未有之大变局,2022年是新时代的序幕年,将奠定未来5—10年的重要基础。新春伊始的俄乌冲突及其对全球重要原料和大宗产品市场的影响使得骤发性风险和危机的预期陡增,《政府工作报告》高屋建瓴地明确了中国高水平对外开放的格局、方略与政策举措,指出中国高水平对外开放有助于充分利用国内、国际两个市场两种资源,不断拓展对外经贸合作,推动外贸外资平稳发展。

一、高水平对外开放的内涵、外延与目标要求

党的十九届五中全会公报提出:实行高水平对外开放,开拓合作共赢新局面;坚持实施更大范围、更宽领域、更深层次对外开放,依托我国大市场优势,促进国际合作,实现互利共赢。高水平对外开放是实现高质量发展的重要推动力量。

党的十九届六中全会公报明确指出高水平对外开放的四个目标要求和改革方向:第一,要推动我国对外开放由商品和要素流动型开放向规则等制度型开放转变,加快构建与国际通行规则相衔接的制度体系和监管模式;第二,要把参与发达经济体市场竞争和引进发达经济体高技术高质量的直接投资,作为提高对外开放水平的重要方面;第三,要推进共建"一带一路"高质量发展,实现高质量引进来和高水平走出去;第四,要推动完善全球经济治理体系,高

举经济全球化大旗,商谈和积极加入高水平自贸协定,推动形成更加紧密稳定的全球经济体系,与国内高质量发展形成正反馈效应。

2021年12月中央经济工作会议要求:扩大高水平对外开放,推动制度型开放,多措并举稳定外贸,保障产业链供应链稳定,加大吸引外资力度,落实好外资企业国民待遇,吸引更多跨国公司投资,推动重大外资项目加快落地。

二、高水平对外开放的格局、方略与政策举措

2022年《政府工作报告》进一步明确了高水平对外开放的格局、方略与政策举措。从格局上看,通过外贸与外资相结合,"一带一路"、区域合作与世贸组织共促进,实现共赢多赢;从方略上看,强调提质增效,将稳定、拓展、创新、深化相结合;从政策举措看,既有传统政策的优化与完善,更有顺应世界经济发展新趋势的大力度改革。具体而言,明确了四个方面的发展方向:

第一,多措并举稳定外贸。推动出口信用保险、出口信贷、外汇服务优化、出口退税等政策性支持,加快外贸新业态新模式发展,充分发挥跨境电商作用,支持建设一批海外仓;扩大优质产品和服务进口,创新发展服务贸易、数字贸易,推进实施跨境服务贸易负面清单、深化通关便利化改革,加快国际物流体系建设,助力外贸降成本、提效率。

第二,积极利用外资。深入实施《外商投资准入特别管理措施(负面清单)》,落实好外资企业国民待遇,扩大鼓励外商投资范围,支持外资加大中高端制造、研发、现代服务等领域和中西部、东北地区投资,优化外资促进服务,推动重大项目加快落地;扎实推进自贸试验区、海南自由贸易港建设,推动开发区改革创新,提高综合保税区发展水平,增设服务业扩大开放综合试点。

第三,高质量共建"一带一路"。坚持共商共建共享,巩固互联互通合作基础,稳步拓展合作新领域,推进西部陆海新通道建设,有序开展对外投资合作,有效防范海外风险。

第四,深化多双边经贸合作,推动与更多国家和地区商签高标准自贸协定。2022年伊始,RCEP在中国等10个国家正式生效,推动中国经贸合作的

重心向东盟转移,"一带一路"经济圈更加具有凝聚力。RCEP形成了全球最大自由贸易区,优惠关税、原产地累积等规则为企业提供了新机遇,有助于扩大贸易和投资合作;坚定维护多边贸易体制,积极参与世贸组织改革,与世界各国加强互利合作,实现共赢多赢。

三、高水平对外开放促进高质量发展的拉动效应

高水平开放归根结底是提升中国参与全球化分工体系的层次和水平问题,前一阶段的商品和要素流动型开放,是在对外开放中强调商品和要素的自由流动,通过打通国内外市场,让商品和要素在全球根据市场规律充分流转,以实现最优配置;而当前的制度型开放则聚焦规则与制度层面的改变,主动对标和对接国际先进的市场规则,在清理国内不合理、不相容的法律法规基础上,进一步形成与国际贸易和投资通行规则相衔接的、规范透明的基本制度体系和监管模式。制度型开放决定了商品和要素流动型开放的范围与水平,并保障和提升了其开放的广度与力度。

中国坚持创新驱动发展、加快构建以推动高质量发展为主题的新发展格局。高质量发展倡导创新、协调、绿色、开放、共享,实现更高质量、更有效率、更加公平、更可持续、更为安全的发展模式,坚持创新在中国式现代化建设全局中的核心地位。《政府工作报告》中关于高水平对外开放的阐述充分体现了守正创新、开放共赢、高质量提升的精神,以及稳定外贸、促进外资、深化合作的大政方针坚定了高质量发展的信心。

2022年全球视野中战争风险骤增、新冠疫情肆虐、经济复苏分化、高通货膨胀持续、金融危机四伏、供应链断链预警、债务风险频发,这一系列变量对中国高质量发展提出了新的挑战。《政府工作报告》明确了高水平对外开放的重点问题和破解外部风险危机的机制,既有出口信用保险等传统举措,更有大力度的创新布局。例如其中强调的高标准自贸协定的签署,RCEP的启动有助于中国出口多元化以及企业高水平"走出去"过程中产业链、供应链的优化,中国已经提出申请并积极加入CPTPP,助力中国制度型开放的进程,提升中国

在大国博弈中的地位和国际形象。

中美竞合是大国博弈的焦点之一,对于中国高水平开放与高质量发展是重要的外部动因。拜登政府的经济政策聚焦于推动经济复苏、捍卫美国技术领先地位、以绿色新政应对气候变化,而美国宏观经济走势、内外失衡状况及美元霸权地位则是其经贸政策的重要依据。作为建制派①的拜登总统,将重心放在恢复美国在全球贸易体制的领导力上,并试图重新主导全球治理体系;尝试构建新的贸易政策体系以保护劳工利益,修补上一任政府的过激贸易政策并着力推进盟友合作;贸易政策持续服务于美国供应链安全,但政治化倾向不断增强;视中国为最大对手,政治化与"国家安全"主导对华经贸政策方向。《政府工作报告》中关于高水平对外开放的战略布局,有助于应对中美博弈的长期性和严峻性、拓展中美经贸间的互补性领域、用更大力度的改革开放对冲美国外部冲击、加快构建国内国际双循环新发展格局,推动高水平开放与高质量发展。

(作者系北京大学经济学院教授、博士生导师)

---

① 建制派指支持主流与传统、主张维护现有体制的政治势力。——编者注

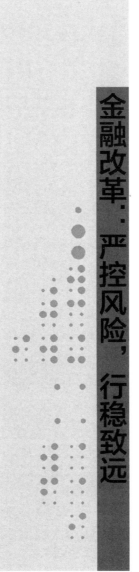

2 Part

金融改革：严控风险，行稳致远

普惠金融的制度、技术与组织创新①

王曙光

共同富裕是社会主义市场经济的根本要义。中国特色社会主义进入新时代,我国社会主要矛盾已经转化为人民日益增长的美好生活需要和不平衡不充分的发展之间的矛盾。当前,我国社会主义市场经济体制不断完善,但是在经济发展过程当中,我们也面临着很多挑战。发展社会主义市场经济,要求我们在追求经济发展效率、完善市场经济体制的同时,更加注重追求经济发展的公平、正义和平等。如果社会主义市场经济能够以"社会主义"这四个字为宗旨来发展,那它就是一个健康的、符合人民需求的、可持续的市场经济;相反,它就是背离人民需求的市场经济。

共同富裕是社会主义的本质要求,是中国式现代化的重要特征。习近平总书记强调,消除贫困、改善民生、逐步实现共同富裕,是社会主义的本质要求,是我们党的重要使命。实现共同富裕不仅是经济问题,而且是关系党的执政基础的重大政治问题。要统筹考虑需要和可能,按照经济社会发展规律循序渐进,自觉主动解决地区差距、城乡差距、收入差距等问题,不断增强人民群众获得感、幸福感、安全感。我们的经济发展和金融发展的总体方向,就是促进社会公平,实现共同富裕。

改革开放以来,我国经济飞速发展,与此同时人均收入差距也在不断拉大。相关数据显示,1981 年中国基尼系数是 0.288,但到 2019 年已经达到了

---

① 原文发表于《人民论坛·学术前沿》2022 年第 15 期,此处有删节。

0.465，属于人均收入差距比较大的国家。如何在经济和金融发展过程中降低收入分配的不平等，是我国面临的一项严峻课题。运用系统性的激励和约束制度安排，建立相应的农村金融发展机制，鼓励微型金融机构发展，构建多层次、广覆盖、可持续的普惠金融体系，可以在一定程度上缓解低收入人群的信贷约束，从而提升其收入水平，降低经济发展和金融发展过程中的收入不平等程度。

一、社会主义市场经济条件下的金融发展路径

金融发展有两种路径：一种路径，笔者称之为"剪刀型金融发展路径"（Scissors-style Financial Development），或者叫"分流型金融发展路径"（Diverging Financial Development），也就是说，随着金融发展，人均收入差距越来越大，金融发展对收入分配产生负效应；另一种金融发展路径，笔者称之为"包容型金融发展路径"（Inclusive Financial Development），就是随着金融发展，人均收入差距会缩小，金融发展对缩小收入差距发挥正效应。中国采取怎样的金融发展路径，关系到共同富裕的愿景能否实现，关系到能否真正解决"不平衡""不充分"的发展问题。包容型金融发展路径主要有三种模式。

第一种是"绿地模式"，即创建新型的金融机构，增强金融机构的多元性和丰富性，增加金融服务的供给。今天中国已经形成了丰富多元的普惠金融系统，这与我国不断创建金融机构的努力直接相关。当前遍布全国的各类新型金融机构，包括村镇银行、地方性中小商业银行以及小额贷款机构、征信机构等，都是近十几年来新设的。这种创建新的金融机构的"绿地模式"，对提升低收入人群尤其是农村居民的信贷可及性发挥了重要作用。

第二种是"升级模式"，即运用一定的政策激励机制，鼓励承担重要金融服务功能的优秀小微金融机构（尤其是为中小微经济主体[①]提供金融服务的小微金融机构，包括民间金融机构）不断升级。将一些优秀的小微金融机构或民

[①] 在中国主要是指中小微企业、广大农户和其他中低收入群体。

间金融机构升级成为国家法律认可的、规范的、银行类金融机构,使其更好地、更规范地为原本难以获得金融服务的弱势群体提供创新性金融产品。这种模式在中国主要包含两部分:一部分是对存量的小微金融机构进行升级改制,如对遍布城乡的中小农村信用合作社和城市信用合作社进行规范化和商业化改制,帮助这些贴近城乡微型客户的金融机构转型升级,升级为商业银行;另一部分就是对比较优质但暂时还不具备银行业从业资格的民间金融机构进行升级和合法性改造,使其成为规范的商业银行,这种模式有助于激发民间金融规范运行的积极性、防范民间金融风险,有助于积极有效利用和激活民间资本,可以获得综合性的政策效果。

第三种是"降级模式",也叫"下沉模式",即国有商业银行、政策性银行以及众多大型的股份制银行,应发挥自身比较优势,通过各种技术创新、机制创新和产品创新,把服务下沉到中小微经济主体,以提升他们的信贷可及性。经过四十多年的改革开放,中国金融发展速度迅猛,根据中国人民银行2022年统计数据,截至2021年年末,我国金融业机构总资产约为380万亿元,而1978年我国金融业机构总资产不足2 000亿元。但在一段时期内,我国金融体系脱实向虚的趋势比较明显,2017年以来,党中央和金融监管部门对此高度关注,进行了有效调控,当前金融业脱实向虚的问题有了明显好转。根据银保监会(现国家金融监督管理总局)统计,截至2021年年末,中国银行业向制造业贷款突破1.5万亿元。中国农业银行、中国农业发展银行、国家开发银行等银行在农村的信贷规模是巨大的,金融业的整体资金流向已经发生了深刻、积极的变化。根据金融监管部门统计,2021年11月末,银行业的普惠型小微企业贷款余额达到了18.9万亿元,同比增长26.4%。在中央的政策激励下,在银行业的共同努力下,我国普惠金融体系的构建取得了显著成效,尤其是大型银行的金融服务在体制和技术的支撑下信贷向弱势群体下沉得非常快,满足了较高比例的中小微经济主体的资金需求。

二、普惠金融的本质是建立以人民为中心的金融体系

以人民为中心的金融体系是对以全面满足人民的金融需求、服务国家发展战略和保障国家金融安全为宗旨的金融体系和金融体制的总称。以人民为中心的金融体系既强调金融的普惠性,又强调战略性和安全性。这三个特征是一个相互联系、相互支撑、相互保障的统一体。

以人民为中心的金融体系的普惠性,意味着金融服务普遍惠及各个金融需求群体,尤其是绝大部分中小微经济主体,从而提升这些群体的信贷可及性。当前学术界讨论比较多的普惠金融的制度创新,主要是从以人民为中心的金融体系的普惠性这一特征出发来探讨的。

只有满足了普惠性,才能最大限度满足中小微经济主体等这些传统金融学上典型的信贷弱势群体的金融需求,才能更好地改善金融体系的收入分配效应,才能更好地为实现共同富裕提供金融支撑。

以人民为中心的金融体系的战略性,是指金融体系要服务于符合国家发展战略的相关产业,金融服务要与实现国家长远战略目标保持一致。我国近年来强调金融业要服务于实体经济,要更多地支持高科技产业、战略性新兴产业等关系国计民生的产业发展,避免金融体系脱实向虚,这是符合我国长远战略利益的。银行业的脱实向虚不仅影响了金融的普惠性,也会对金融安全造成很大影响。当前,我国金融体系总体上是较为稳健的,但也存在很多安全隐患。脱实向虚的金融体系一定是妨碍国家金融安全的。关系国计民生的产业和领域,是符合国家长远战略的,实际上,除了战略性新兴产业和高科技产业,乡村振兴战略也是关系国计民生的战略性领域,在此普惠性和战略性是统一的。

以人民为中心的金融体系的安全性,是指金融体系的运行要以金融体系本身的安全和金融资产质量的提升为目标,金融安全是以人民为中心的金融体系的内在要求。这里的安全性具有两个层面的含义:第一个层面,以人民为中心的金融体系要保障金融机构本身的安全性,严格控制金融风险,将金融机

构的系统性风险控制置于重要地位,将安全性与普惠性、战略性统一起来;第二个层面,它是一个强调国家金融主权的金融体系,在金融开放的过程中,要高度重视金融安全,要掌握好本国的金融主权。金融安全既包含国内金融体系的总体性和结构性风险,也包含国家金融体系进一步开放所可能引发的金融开放风险,更包含中国参与国际金融事务和国际金融竞争所带来的全球化条件下的金融风险与货币风险。我们只有通过建立强有力的、权威的国家金融安全领导组织体系、全国协调一致的国家金融安全战略执行体系、高度适应信息化和全球化的国家金融安全治理体系并使其有效运作,才能在国际和国内两个战线上,实施有效的国家金融安全战略。我们既要保持金融开放,又要保障国家金融主权,维护国家金融安全,切莫过快、盲目地开放。金融对外开放的底线是要保障国家金融安全;放弃国家安全而搞金融开放,无异于饮鸩止渴。例如,美国就高度重视金融安全,对于外国资本进入其银行业进行严格限制和监管,尤其是2008年全球金融危机之后,美国全面加强了对外资银行的监管和限制,值得我们学习借鉴。

以人民为中心的金融体系下的金融机构要实现双重目标的兼容统一。第一重目标是实现普惠性、战略性和安全性,第二重目标是实现盈利性和可持续发展。双重目标之间应该是兼容统一的关系。金融机构毕竟是金融机构,金融业在提高国家战略行业与民生领域的金融需求主体的信贷可及性并保障国家金融安全的同时,还要实现金融业的可持续发展,要保障其一定的盈利性。这一双重目标不能偏废,不能为了实现普惠性、战略性和安全性就牺牲银行的盈利性和可持续发展,因为从根本上来说,金融业的健康可持续发展也是重要的"国计民生"。我们的银行也需要发展壮大,如果银行的盈利能力弱、资产质量差、竞争力不强,就很难实现战略性、普惠性和安全性的目标。因此,我们在强调构建以人民为中心的金融体系的同时,要高度重视银行资产质量,重视银行盈利性的提升。那么,哪些因素会影响银行的资产质量和盈利能力呢?一个尤其重要的问题就是,中小微经济主体对银行资产质量和盈利能力造成了积极影响还是消极影响(假定我们只考察普惠性对银行资产质量和盈利能力的影响)？如果回答是"积极的",那么金融体系的普惠性能够促进银行资产质量和盈利能力的提升,普惠性的实现有助于安全性和盈利性的实现。

现有文献的实证研究结果证明,普惠金融能够显著降低银行的风险水平,更高水平的普惠金融有助于银行实现更高的稳定性,而且这种正向的关联在客户存款融资份额较高、提供银行服务边际成本较低、国家制度质量较高的银行尤为明显。规模庞大而分散的中小微经济主体,正是银行稳健运行的坚实底座,是良好的危机缓冲器和风险分散器,对于银行的稳定性和安全性极为重要,同时,在加大金融科技投入(尤其是大数据处理能力)、优化金融服务流程、降低金融服务成本(尤其是信息处理成本)的条件下,普惠金融能够有效提高银行的成本收益率,提升银行的盈利空间。普惠金融提升盈利性的条件是金融科技,是建立在新技术基础上的制度创新与流程再造。历次金融危机都证明,使银行陷入严重财务危机的,往往是那些带有投机性的、杠杆率极高的行业(如房地产),这些产业的自有资本很少,它们以很高的杠杆率来撬动银行的巨额贷款,容易使银行陷入危机当中。近年来,一些房地产巨头给我国银行业带来的负面连锁反应令人触目惊心。现实中,我国一些优秀的地方性中小银行、农商行等扎根基层,运用各种创新性手段为中小微经济主体服务,不仅很好地增强了银行的稳健性和安全性,有效抵御了金融风险,而且在金融创新的引领下提高了银行的盈利能力,可谓一举多得。在构建以人民为中心的金融体系的过程中,要高度警惕银行的决策体系被资本所绑架,高度警惕银行业的关联交易引发的金融危机,高度警惕贷款集中度过高、垒大户所带来的金融风险,高度警惕平台金融畸形发展而引致的金融生态破坏,高度警惕银行因地方政府债务问题而引发的金融风险,等等。我国银行业应该把重点放在建设普惠金融上,放在支持中小微经济主体上,使银行得到更加健康的发展。

三、努力构建以人民为中心的金融体系

在制度层面,国家要重视和扶持普惠金融、微型金融的发展,尤其是在欠发达地区和边疆地区。要利用有效的激励机制,鼓励金融资源的跨区域配置,

鼓励东部地区的金融资源向中西部有序流动,促进金融资源在全国范围内的有效优化配置。要高度重视信用基础设施建设,努力构建地方政府、金融监管部门和银行之间的信息共享机制。这是提高金融安全、更好满足中小微经济主体的金融需求、同时降低银行运行成本、提高银行风控能力的重要措施。信息基础设施建设使银行能够大幅降低信息处理成本,提高客户甄选和风险识别的效率,使银行能够在实现以人民为中心的金融体系的普惠性的同时,增强安全性和盈利性。要加强农村征信体系的建设,促进农村各种资产的数字化,尝试和探索数字普惠金融新模式。要加强农村产权交易体系的建设,为金融机构的更好运行提供机制支持。从事普惠金融业务(尤其是在农村开展金融服务)的银行应积极参与到农村数字化、农村大数据、农村征信体系构建中。

我们还要努力构建多元化的以人民为中心的金融体系的崭新谱系。这个新谱系的底座,就是在村庄一级基层从事金融服务的各类农民资金互助合作社、各种农民合作社内部的合作金融体系。据农业农村部相关数据,截至2022年3月底全国农村现有200余万家农民合作社,假如其中有1/3能够有效开展合作社内部的金融服务(属于合作金融范畴,不对合作社以外的人员放款和吸收存款),其金融服务的体量是巨大的,这也是以人民为中心的金融体系中规模最大的关键部分。只有我们的征信系统、农村数字化系统能够帮助这些数以百万计的合作社内部和村庄内部的合作金融体系健康发展,以人民为中心的金融体系的底座才会无比坚固。

这个崭新谱系的第二层就是村镇银行、县域及以下的小型农村商业银行(由传统的农村信用社体系改制而来)。2021年我国约有1 600家村镇银行、1 500家县级农村商业银行,其分支机构广布整个县域城乡,在我国构建以人民为中心的金融体系、服务中小微经济主体中扮演着关键角色。它们一般规模较小,网点众多,与农村社会有着深刻的内在关联,在服务农户等群体方面具有天然的客户优势、信息优势、机构优势,是我国普惠金融的实施主体。

第三层就是大型的农村商业银行与城市商业银行以及很多地方性的股份制银行。这些大型农村商业银行、城市商业银行和地方性的股份制银行一般设立在较为发达的县域,其客户群体是那些具有一定规模的中小企业,对于地方经济发展和金融生态环境的优化具有重要意义。

第四层是中国工商银行、中国农业银行、中国银行、中国建设银行、交通银行、中国邮政储蓄银行等国有商业银行以及较大规模的全国性股份制银行。这些银行拥有技术、信息、人才、规模等方面的优势,近年来在普惠金融建设中发挥了重要作用,除了服务国家战略性产业,还大量惠及中小微经济主体。

第五层是政策型的金融机构,如中国农业发展银行、国家开发银行、中国进出口银行。这些机构担负国家战略使命,拥有特殊的资源禀赋和比较优势,有特定的目标客户群体,有特殊的金融运行机制,它们在农村基础设施建设、农村扶贫、粮食安全、农业产业化等领域扮演着不可替代的角色。

以上各类不同的金融机构从各自的战略目标出发,发挥各自的比较优势,共同支撑起一个多元化的以人民为中心的金融体系,能够最大限度为各类金融需求者提供金融服务,随着我国金融的不断发展,以人民为中心的金融体系的崭新谱系将会不断优化,从而更好地服务于实现社会公平和共同富裕的战略目标。

四、普惠金融服务于脱贫攻坚和乡村振兴的主要模式

在中国脱贫攻坚过程中,各地因地制宜,多管齐下,多方联动,创造了很多成功的扶贫模式,而金融扶贫是其中非常重要的组成部分。不同规模、不同层次的金融机构深入参与到金融扶贫的行动中,带动大量金融资源进入农村,彻底改变了长期以来农村资金净流出的状况,极大地提升了农村各类经营主体的信贷可及性,极大地提升了贫困人群自我脱贫的能力,极大地推动了贫困地区的产业发展和生态建设,为脱贫攻坚工作做出了历史性贡献。

当前,我国正推进脱贫攻坚与乡村振兴有效衔接,这一过渡给我国农村普惠金融发展带来了很多挑战,也提供了前所未有的机遇。伴随着贫困人口的大面积脱贫和乡村经济社会的快速发展,农村金融机构面临的经营环境发生了深刻变化,农民合作组织和农村中小企业等新型经营主体不断涌现,农村金融机构面临着业务的大发展和大转型。应该说,经过近几年的发展,一个多层次、广覆盖、可持续的农村普惠金融体系正在形成,这个普惠金融体系在我国扶贫事业和乡村振兴战略的实施中扮演了重要的角色。与此同时,在服务农村扶贫和乡村振兴的过程中,农村金融机构也在机制创新和产品创新方面做了大量探索,涌现出很多有效的创新模式,笔者将详细探讨如下三类不同模式:

第一类是大型商业银行和政策性银行的"下沉模式"。不论是作为政策性金融机构的中国农业发展银行、国家开发银行、中国进出口银行,还是中国工商银行、中国农业银行、中国建设银行等,都通过制度创新和机制转型深入参与普惠金融建设。这些银行大都建立了普惠金融部,根据各地的金融需求情况有针对性地设计金融产品和金融流程,通过加大对贫困地区和贫困人群的资金投放,切实突破贫困地区融资瓶颈,并改善当地生态环境、基础设施和农业产业链等方面的大规模融资项目,为贫困地区整体脱贫奠定了坚实基础。

例如,中国进出口银行甘肃省分行对甘肃岷县进行产业帮扶,中药材是岷县特色产业,甘肃省分行按照市场化原则,向九州通岷县中药材加工产业园项目发放 5 000 万元项目贷款和 1 000 万元流动资金贷款,帮助企业改善经营状况,带动贫困群众就业增收。同时,积极探索建立"中国进出口银行+地方法人金融机构+特色产业"资金批发转贷模式,通过转贷款累计为岷县 13 户小微企业发放 11 785 万元贷款,吸纳贫困户就业 130 余人。中国银行探索"农业大数据+金融科技"支持模式,与外部农业农村大数据平台开展合作,实现与合作社、村集体、社会化服务商以及农户的四个主流场景平台对接,推动数字普惠金融业务服务覆盖。中国邮政储蓄银行与当地政府进行战略合作,利用政府提供的涉农大数据,引入担保机构,采取"银政担"合作模式为农村提供低利率纯信用惠农产品。

第二类是股份制商业银行和地方商业银行的"滴灌模式"。股份制商业银行和地方性商业银行加快向农村和贫困地区布局,通过大量布局物理网点和非物理网点,实现对贫困地区融资的"滴灌效应"。它们在精准识别贫困人群并给予有针对性的金融服务方面、在利用大数据与互联网等新型金融科技方面、在加强乡村基层网点建设方面、在与当地龙头企业和新型农村经营主体建立亲密的融资互动关系方面，进行了大量探索和创新。

例如，中国民生银行充分运用黑龙江省农业产业优势和"智慧乡村"数据成果，积极践行"大数据＋产业互联网＋金融科技"服务模式，推出面向种植农户的纯线上普惠信用贷款"农贷通"产品，向近千户农户累计投放线上经营信用贷款超过1亿元，有力推进了乡村振兴普惠金融服务支农惠农。华夏银行支持四川郫县豆瓣产业，将"郫县豆瓣"品牌价值纳入农业经营主体信用评价和贷款发放参考因素，推出"豆瓣贷"产品，进一步丰富了信用类小微业务产品体系，同时采用"公司＋基地＋农户"的合作模式，通过在当地建立种植基地或向当地农户采购等方式，带动上游产品的种植和销售，为当地创造大量就业机会，帮助农民增产增收。再如，齐鲁银行持续优化网点布局，加强乡镇基层网点建设，在县域乡镇布设乡村振兴小微支行，通过构建县、乡、村三级联动综合服务网络，推动县域支行持续开疆拓土。面向乡镇和周边农村个人客户，通过"自助服务终端＋非现金柜台"的模式为客户提供"存取汇缴贷"等基本金融服务，打通普惠金融服务"最后一公里"。

第三类是中小型地方农村金融机构的"贴身服务模式"。各种中小型地方农村金融机构和规模较小的农村资金互助组织等，通过与村庄基层社会的更近距离的"贴身"金融服务，实现了与村庄的对接和互动，不仅极大地改善了当地中小微企业和农村新型经营主体的融资状况，而且改善了当地的乡村治理，实现了农村金融机构和农村发展的双向互动。例如，天津津南村镇银行与当地蔬菜种植专业合作社、农业生态科技公司、农业融资担保公司达成四方共识，用"银行＋农担公司＋农业龙头企业＋农户"的服务模式，为当地客户解决融资难问题。又如，石河子农村合作银行不断创新信贷平台，持续加深与中小微企业的协作，将信贷触角延伸到其上下游企业及个人，该行紧密结合石河子兵团特点，在支小支微、支持实体经济、践行普惠金融等方面发挥了主力军作用。再如，云南通海农商银行始终坚持以打造"小而美、聚而精、文化好、口碑佳"的一流现代农村商业银行为终极目标,把安居贷、个人住房贷和创业小额贷款及失业人员小额担保贷款业务作为抢占农村市场、获取客户的重要拳头产品进行全力推广,职工走村入寨、上门服务,实施精准营销战略。恩施兴福村镇银行成立专业"金融村官"队伍,向村、镇、金融空白区持续下沉"金融村官",配备智能办公设备和移动开卡机,通过村委评议、实地走访,结合行业数据,解决了农户大数据信息不健全的问题,推出了"家庭备用金""产业备用金""创业备用金"等量体裁衣式的授信模式。

上述"下沉服务模式""滴灌服务模式""贴身服务模式",是今天各类金融机构服务脱贫攻坚工作和乡村振兴战略实施的主要模式,虽然还不全面,但反映了各类金融机构通过制度创新和机制创新实施普惠金融,推动共同富裕的实践努力。

五、结语

在经济发展和金融发展的同时,扎实推进共同富裕,需要一个健康的、包容的、以人民为中心的金融体系。当前,在金融科技的引领下,我国普惠金融发展进入了一个崭新的阶段,各类金融机构以及征信机构、担保机构、产权交易机构等,依靠强大现代的金融科技手段使自己的金融服务覆盖中国的数亿农民、一亿多小微企业主体,这就是以人民为中心的金融体系,是"一切为了人民、一切依靠人民"的金融,是普惠性、战略性、安全性、盈利性相统一的金融。

(作者系北京大学经济学院教授、博士生导师)

实施养老保险全国统筹需夯实三项基础

郑 伟

2022年《政府工作报告》提出"稳步实施企业职工基本养老保险全国统筹"。回望过去,企业职工基本养老保险全国统筹不是一蹴而就的,而是经历了较长的探索过程。2010年《中华人民共和国社会保险法》提出"基本养老保险基金逐步实行全国统筹";2011—2016年间,"十二五"规划、党的十八大和"十三五"规划先后提出"实现基础养老金全国统筹";2017年,党的十九大要求"尽快实现养老保险全国统筹"。2020年2月,中央全面深化改革委员会第十二次会议审议通过《企业职工基本养老保险全国统筹改革方案》。2022年1月1日,企业职工基本养老保险全国统筹正式实施。

养老保险全国统筹是养老保险制度改革的重要一环,具有三点积极的意义:一是有利于均衡各省养老保险负担,缓解区域间结构性矛盾。由于经济发展水平和人口年龄结构的差异,不同省份之间的养老保险基金收支压力差异很大。比如,广东企业职工基本养老保险基金累计结余够用五年多,而十几个省份出现了当期结余赤字,黑龙江甚至出现累计结余赤字。实行养老保险全国统筹,类似于在各省之间修建"南水北调"工程,以丰补歉,调剂余缺。二是有利于增强养老保险基金的抗风险能力,提升参保信心。相对于省级统筹,全国统筹可以在更大范围内调剂基金余缺,因此基金抗风险能力更强,这有利于提升参保企业和参保人员(特别是养老金发放困难地区)对养老保险制度的信心,提高参保缴费的积极性。三是有利于推动养老保险制度的全国统一,便利劳动力自由流动。基本养老保险制度作为一项重要的国家基本公共服务制度,应当在全国范围实现统一。从国际上看,养老保险制度比较健全的国家,绝大多数都实行全国统筹,政策全国统一、基金统一征收、待遇统一支付。全国统一的基本养老保险制度,有利于劳动力在全国范围的自由流动,有利于保障劳动者的合法权益,这应当也是我们的努力方向。

近年来,有两项工作为养老保险全国统筹奠定了基础:一是养老保险省级统筹。我国养老保险从最初的县级统筹起步,逐步提高统筹层次,2020年年底实现养老保险基金统收统支的省级统筹。二是养老保险基金中央调剂制度。作为迈向养老保险全国统筹的第一步,2018年国家实施了企业职工基本养老保险基金中央调剂制度,调剂比例从2018年起步时的3%逐步提升至2021年的4.5%,四年间共跨省调剂资金6000多亿元,其中2021年跨省调剂2100多亿元,有力支持了困难省份的养老金按时足额发放工作。

2022年1月1日起开始实施的养老保险全国统筹,可以视作养老保险基金中央调剂制度的升级版。它不再规定具体的调剂比例,而是对全国养老保险基金当期收支"算总账",在全国范围内各省之间调剂基金收支余缺。因此,相比于有限定比例的中央调剂制度,全国统筹力度更大,调剂余缺的效果也更明显。

2022年是实施养老保险全国统筹的第一年,这项工作应当稳步实施、积极推进。养老保险全国统筹要取得预期效果,至少有三项基础工作需要夯实:

第一,统一全国养老保险政策。在养老保险政策方面,尤其应当统一各省养老保险的缴费政策和待遇政策,包括缴费比例、缴费基数和待遇项目等,只有这样才能做到"全国一盘棋",避免制度性的"跑冒滴漏",确保养老保险全国统筹有效运转。比如缴费比例,过去各省参保单位缴费比例差异很大,大部分省份的单位缴费比例为20%,个别省份则为14%甚至更低。2019年国务院出台《降低社会保险费率综合方案》,将单位缴费比例统一为16%,对于低于16%的省份,要求其调整或过渡调整至16%。以浙江省为例,其单位缴费比例2022年1月1日起从14%调整至15%,2023年1月1日起从15%调整至16%。再如缴费基数,过去有的省份的单位缴费基数按全部职工工资总额确定,有的省份则按职工个人缴费基数之和确定,两者口径可能存在较大差异,需要统一。此外,各省基本养老保险的遗属待遇和病残津贴政策存在有无不一、高低不等的现象,这在省级统筹之下可能暂时不是太大的问题,但在全国统筹之下就将成为一个重要问题,也需要统一规范。

第二,建立合理的中央和地方养老保险支出责任分担机制。一方面,从中央层面看,中央财政补助力度应保持不减。自1998年实行统一的养老保险制度以来,中央财政持续加大对企业职工基本养老保险基金的补助力度,2021年安排补助资金超过6000亿元,未来中央财政补助力度应保持稳定性和连续性。同时,在目前中央层面划转中央企业和中央金融机构国有资本总额1.68万亿元充实社保基金的基础上,应继续划转国有资本充实社保基金,进一步做大做强战略储备基金。另一方面,从地方层面看,应逐步强化落实地方政府支出责任。比如,应通过相关激励和约束机制设计,激活地方政府的责任感和积极性,避免地方政府"躺平",避免地方政府产生"少收多支"的负向激励,确保养老保险基金征缴规范到位,确保基本养老金按时足额发放。

第三,加强运行保障能力建设。应当加强地方尤其是基层的能力建设,提高基金管理、经办服务和信息系统的支撑水平,提升整体运行保障能力,为稳步实施养老保险全国统筹更好地发挥保驾护航作用。

需要注意的是,养老保险全国统筹虽然意义重大,但养老保险制度面临的诸多挑战不是仅靠全国统筹就能解决的。比如,养老保险全国统筹虽然能解决各省人口年龄结构差异导致的"非系统性风险",但对全国人口老龄化带来的"系统性风险"却无能为力。因此,未来养老保险制度仍有一系列的风险挑战等待应对,改革任务依然艰巨。

(作者系北京大学经济学院教授、博士生导师)

创新风险管理,推动绿色发展

刘新立

李克强总理在 2022 年《政府工作报告》中指出"加强生态环境综合治理""有序推进碳达峰碳中和工作。落实碳达峰行动方案""推动能耗'双控'向碳排放总量和强度'双控'转变,完善减污降碳激励约束政策,……加快形成绿色低碳生产生活方式"。绿色可持续发展是我国经济发展的大计方针,已设定了未来几十年的明确目标,在持续推进的过程中,可采用多种措施齐头并进,其中,风险管理措施,尤其是针对新问题、新挑战的创新型风险管理措施,是应对未来各方面不确定性、保障绿色发展的重要力量。

一、创新风险管理防损功能,促进完善污染防治

2022 年《政府工作报告》中指出,"深入打好污染防治攻坚战。强化大气多污染物协同控制和区域协同治理,加大重要河湖、海湾污染整治力度,持续推进土壤污染防治"。污染防治是经济由高速增长阶段转向高质量发展阶段面临的一大挑战,除了各类减污技术措施,环境责任保险也是重要的市场手段。

环境责任保险常被称为"绿色保险",它以被保险人因污染自然环境所要承担的损害赔偿责任以及治理责任作为保险标的,相当于一种生态保险和特殊责任保险的复合体。环境责任保险在美国起步较早,经过不断的完善发展,已经形成了相当大的市场规模,近几年环境责任保险的保费每年都高达四十多亿美元。国外研究表明,环境责任保险对生态环境的保护具有显著的重要

作用,环境风险高的企业购买环境责任保险,更有利于推动其做出保护环境的选择,可以提高企业环保的积极性。在我国,环境责任保险由于道德风险与逆选择等问题一度发展缓慢,但受到的关注越来越多,并被纳入环境污染治理制度体系中,成为服务于国家治理体系和治理能力现代化的市场化手段。要推动环境责任保险进一步发展,一是要完善与之对应的法律法规体系和环境管理政策,例如环境责任的明确界定,只有在法律上明确严格地界定责任范围,才能使得环境责任险的赔付具有可行性,并且倒逼企业通过保险来转移环境污染方面的巨大风险;二是明确环境风险的可保性,保险公司应具备相应的能力,从现有的政策体系和环境污染事件的规律出发,正确识别风险,预估损失,进行产品创新。2021年,深圳在全国率先建立了环境污染强制责任保险制度,在运用市场手段构建环境风险防控体系、提升企业环境风险保障水平方面进行了创新性探索。例如,强制保险中费率因子与企业排污因子直接挂钩的浮动机制,促进企业加强防损动力;又如,其规定保险公司需提前提取不低于保费金额的25%用于风险防控服务,压实了保险公司风险防控服务责任。

二、创新风险管理激励功能,推动落实"双碳"战略

国际上,在联合国2021年发布的应对全球气候变化,控制以二氧化碳为主的温室气体排放数量,实现"碳中和"的《格拉斯哥气候公约》(Glasgow Climate Pact)下,发展全球、国家、区域低排放碳与高吸收碳经济一体化的模式,把应对全球气候变化缓解与适应措施在时空上相耦合,实现人地协同发展,从而实现联合国制定的全球可持续发展目标。我国政府提出二氧化碳排放力争于2030年前达到峰值,并努力争取到2060年前实现"碳中和"的"双碳"战略。在此基础上,中共中央、国务院联合发布了《中共中央、国务院关于完整准确全面贯彻新发展理念做好碳达峰碳中和工作的意见》,总结了碳中和的主要目标,并提出了2025年、2030年和2060年的三个阶段性目标。在"双碳"战略的号召下,已有研究和政策提出减排与增汇双向发力的"碳经济模式"、通过建设"全国碳排放权交易市场""生态补偿""电价补贴"等机制,解决全国碳排放与碳汇间的行业与空间差异,进而提升全国碳排放风险管理的能力,如 2017 年,国家发展改革委印发了《全国碳排放权交易市场建设方案(发电行业)》。同年 12 月 19 日,启动全国碳排放交易体系建设,利用市场机制控制和减少温室气体排放、推动绿色低碳发展,践行"创新、协调、绿色、开放、共享"的新发展理念,以发电行业为突破口率先启动全国碳排放交易体系,分阶段、有步骤地逐步推进碳市场建设,在碳市场平稳有效运行的基础上,逐步扩大参与碳市场的行业范围和交易主体范围,增加交易品种,最终建立起归属清晰、保护严格、流转顺畅、监管有效、公开透明的碳市场。进一步地,根据我国宏观碳排放风险呈显著东高西低的区域分异特点,还可以创新相关保险产品,通过保费调节机制激励企业逐步向清洁能源过渡。

三、创新风险管理补偿功能,助力改善生态环境

自然界及其生态系统之所以有价值,既有其内在原因,也有其对人类的工具性价值。人们从自然中获得的这些工具性利益通常被称为生态系统服务。近些年来,全球自然资源正在以从未有过的速度减少,物种灭绝的速度正在加快,生态系统正在遭遇破坏。2022 年《政府工作报告》中指出,要"保护生物多样性",保险作为一种风险管理工具,可以通过对其核心的补充功能的创新,参与帮助生态系统的保护与修复。

生态系统相关的保险创新具有一定挑战性。生态系统是一个由植物、动物和微生物群落和非生活环境作为一个功能单元相互作用的动态综合体。人们从自然中获得的这些工具性利益通常被称为生态系统服务。生态系统服务包括下面四类:供应服务,如提供鱼类或木材等人类消费商品;调节服务,即为人类利益而调节环境,如在大气中产生氧气或在土壤中固定氮;文化服务,如提供精神、娱乐和文化收益;支持服务,如为蜜蜂或鸟类等非人类行为者的利益管理土地,但也通过作物授粉或种子传播间接造福人类。可以看到除了供应服务,其余形式的生态系统服务是间接的非市场用途,因为虽然它们为人类提供明显的好处,但它们既不会直接"消费",也不会在市场上交换,很难直接

估计价值。如果能够明确一些对生态系统服务具有保险利益的实体,如因为生态系统破坏而遭受经济损失,这些利益相关方愿意并有能力支付保费,目标生态系统遭受随机危险的特点可以掌握,并且能够通过灾后立即注入资金来恢复,则生态系统相关的保险就具备了大部分成立的基础。墨西哥的海岸带管理信托基金就是一个相关的创新案例,这一基金的资金主要来自向当地旅游者收取额外的税款以及当地政府的其他少量资金,用来维护尤卡坦半岛沿岸长达60千米的中美洲珊瑚礁。目标是利用信托基金为维持珊瑚礁和海滩提供资金,并购买保险,以确保这些重要的生态系统在极端风暴袭击后能够得到快速彻底的恢复。由此看出,利用风险管理补充功能的创新,可以填补传统方法的一些治理空白,助力改善生态环境。

(作者系北京大学经济学院副教授)

保险业助力全面推进乡村振兴战略

姚 奕

2022年中央一号文件《中共中央、国务院关于做好2022年全面推进乡村振兴重点工作的意见》指出2022年的工作重点聚焦产业促进乡村发展。在全面脱贫攻坚任务完成后,如何巩固拓展脱贫攻坚成果,防止发生大规模返贫,并有效衔接乡村振兴战略成为"三农"工作的重中之重。从国家发展战略角度来看,乡村振兴的重要性不言而喻,它是实现共同富裕的必要条件,也是整合城乡二元结构、打通内循环的关键一步。

在全面脱贫攻坚阶段,保险发挥了其独特的功能。作为一种历史悠久的制度化的风险保障工具,保险与损失共济、灾害兜底、防损减损联系在一起。而进入乡村振兴战略的实施阶段,保险可以持续在财产保障、人身保障、融资增信等方面发挥功能,长效支持"三农"稳健发展。

在财产保障方面,支持乡村振兴的首要任务是发展多层次的农业保险(后称为农险)。农业是农村产业的根基,也是国家安全战略的重要保障。目前,政策性农业保险是农险中的主导险种,具有费率低、覆盖广的特点。但是其涵盖的作物种类较少、保障层次较低;作为一种"保基本"的险种,难以满足不同类型农户的具体需求,以及乡村振兴中发展多元化产业的需要。中央一号文件提出,"实现三大粮食作物完全成本保险和种植收入保险主产省产粮大县全覆盖""探索开展糖料蔗完全成本保险和种植收入保险""积极发展农业保险和再保险"。为了实现这一目标,在中央和地方政策性农业保险的基础上,商业型险种和创新型农业保险需要积极跟上,在保障内容和保障程度方面为农业保障提供有力支撑。具体而言，两类形式的保险格外需要重点发展：一是承保价格波动、防止"谷贱伤农"的农业收入保险、价格保险。对于分散化经营的农民、农户而言，这一类保险产品可以提供基础的收入保障，防范市场风险。二是承保自然灾害的农业天气指数保险。这一险种依托于某一个（组）固定天气指数的变化，可以有效降低保险公司在承保环节和理赔环节的查勘成本，在技术条件上简易可行，适用于大规模地承保大片农户，从而实现规模效应。在推进乡村振兴战略中，发展特色农业是主要渠道之一。如果能够通过农业收入保险、价格保险和农业天气指数保险承保价格波动和自然灾害所造成的大部分风险，将有力助推农业经济的发展。商业型和创新型农险产品具有更高的灵活度，也有利于提高农险的有效保障程度。

在人身保障方面，支持乡村振兴需要有针对性地开发和推广普惠性人身保险。在精准扶贫阶段，政策性的扶贫健康保险、意外保险提供了重要的兜底保障作用。2021年，部分地区针对临贫、易贫人群推出防贫保险，将符合条件的农村困难家庭纳入防贫预警监测，重点防止因病返贫。疾病是我国最常见的致贫原因——家庭成员的重大健康风险不仅影响个人的劳动能力，带来巨大甚至是长期的财务负担，同时降低家人和照护者的生产能力、减少工作机会，可能使家庭陷入持续性贫困。因此，涵盖健康保障和意外伤残身故保障的普惠性人身保险应该优先发展，并针对农村地区进行重点宣传和投放。

在融资增信方面，支持乡村振兴可以进一步推动农民小额信贷保险的发展。农民小额信贷保险承保农民作为贷款人在贷款未清偿阶段遭遇意外或疾病，导致失去还款能力时的债务责任，保险赔款可以用于偿还贷款，以减轻家庭的财务负担。农民在信贷过程中缺乏抵押物，小额信贷保险可以有效降低贷款机构和贷款人的风险。实践中常常通过贷款机构代为销售，并在偿还贷款时一并收取保费，具有很强的可操作性。从其他发展中国家的经验来看，针对低收入人群的小额信贷人身保险推广很快，且运营较为稳健，是人身保险中的优质险种。在乡村振兴的过程中,产业发展离不开融资需求,而小额信贷人身保险可以增加农村个体贷款人的授信资质,提高贷款机构的财务稳健性,预防和化解风险。

"三农"领域是一个较为特殊的保险应用场景。在特定保险产品发展方面,我国大致历经了"三农"保险、小额保险、扶贫保险和普惠保险几个阶段。国际上,一般将针对低收入人群的商业保险产品称为小额保险,对其提供一定的产业扶持和较为宽松的监管政策。以2007年中国保险监督管理委员会①加入国际保险监督官协会与贫困人口服务小组联合成立的小额保险工作组为分水岭,我国开始探索以小额保险的形式撬动商业保险的力量共同为低收入人群提供保障。中国保险监督管理委员会于2008年6月出台了《农村小额人身保险试点方案》,并在试点成熟的基础上,于2012年发布了《全面推广小额人身保险方案》。这一阶段主要调动保险公司进行各地试点,有针对性地开发普通定期寿险、意外伤害保险,以及医疗保险和疾病保险等小额人身保险产品,保险金额限定在10万元以内。2015年以后,随着全面脱贫攻坚的时间线推进,针对低收入人群的保险主要以政府缴费、商业公司承保的扶贫保险为主要形式,小额保险日渐减少。扶贫保险针对建档立卡户提供一揽子的财产和人身保障,在攻坚阶段有力有效地提供了兜底保障。

随着脱贫攻坚阶段完满收官,扶贫保险也完成了其历史使命。虽然各地零星出台了防贫保险,用于防止返贫的兜底保障,但从整体布局而言,防贫保险只是阶段性的产物。笔者认为下一步针对农村地区完善保障,应大力发展普惠保险。它可以类似于普惠健康险,是单独的险种,也可以是针对农民开发的包含普惠型农业保险、人身保险和信贷保险的一揽子保障。

借鉴小额保险在国际的发展经验,普惠型险种需要可持续发展,才能充分

---

① 2018年改为中国银行保险监督管理委员会,2023年在此基础上组建国家金融监督管理总局。——编者注

调动保险机构的积极性,高质量的长线开发中低收入人群市场。南美地区小额保险之所以能够较为蓬勃地实现可持续发展,主要是因为覆盖人群对象的扩大化。当地发展了特色化的大众保险,覆盖了中等收入人群和低收入人群,从而实现了产品推广和财务上的成功。而我国近几年现象级的保险产品——北京普惠健康保,也是通过政府背书宣传、商业公司大规模承保中等收入和低收入人群而实现的多方共赢。普惠型农业保险在客观上具备和北京普惠健康保类似的多层次构建、商业机构运营的基础,具有广阔的市场潜力。在监管方面,需要政府对普惠保险提供更多的支持和宣传,吸引保险机构积极参与,实现社会效益和经济效益的平衡发展。

(作者系北京大学经济学院长聘副教授、博士生导师)

积极把握保险业发展机遇

锁凌燕

2022年《政府工作报告》细数起来,全文共有9处提及"保险",主要涉及的重点领域包括:"**防风险**"——发挥存款保险制度和行业保障基金的作用,运用市场化、法治化方式化解风险隐患,有效应对外部冲击,牢牢守住不发生系统性风险的底线;"**稳就业**"——延续执行降低失业和工伤保险费率等阶段性稳就业政策。继续实施失业保险稳岗返还政策。使用1000亿元失业保险基金支持稳岗和培训;"**稳外贸**"——扩大出口信用保险对中小微外贸企业的覆盖面。帮助外贸企业稳订单稳生产;"**保民生**"——稳步实施企业职工基本养老保险全国统筹。加快推进工伤和失业保险省级统筹。稳步推进长期护理保险制度试点。继续规范发展第三支柱养老保险。及时回应民生关切。

总体来看,《政府工作报告》全文对商业保险着墨不多,可以梳理出两条主线:

一是继续按照稳定大局、统筹协调、分类施策、精准拆弹的基本方针,做好风险防范和处置工作,牢牢守住不发生系统性风险的底线。近几年,打赢防范化解重大风险攻坚战一直是行业主基调。保险监管机构围绕"强监管、防风险、治乱象、补短板、服务实体经济",加大现场检查力度、将问题突出公司纳入专项检查、整治不规范金融创新业务、出台治乱象专项政策等,加强重点领域风险防范化解处置,坚决打击违法违规行为,加强薄弱环节监管制度建设,密集释放严监管信号,也取得了突出的成效。可以预计,防风险工作会继续全面纵深推进。

二是要融入经济发展大局,回应民生关切,加快数字化转型,推动行业高质量发展。从2022年政府工作任务来看,行业面临几项重点任务:第一,发展普惠。要通过积极的科技创新和商业模式创新,提高保险服务效率,降低成本,优化服务,让保险服务惠及千万家。近年来,得益于智能终端的普及、居民受教育水平的普遍提升以及政府精准扶贫、促进乡村振兴的努力,保险产品的覆盖面已经有了显著的扩展,但如何更好发挥保险的"杠杆效应",更有效地服务长尾市场,还需要各方的共同努力。以广为热议的城市定制型商业医疗险为例,作为自愿性、普惠型保险产品的突出代表,社会效益高,但也面临严重的逆选择问题,这不仅需要保险公司持续的创新探索,也需要政府的引导与鼓励。第二,助力科技创新。强化国家战略科技力量、提升企业技术创新能力、激发人才创新活力、完善科技创新体制机制,已经成为新时代高质量发展的重要内容。科技创新具有突出的资本密集、人才密集和技术密集特点,风险结构和生成机制相对更为复杂,不仅涉及人财物的传统风险,还涉及知识产权、网络安全等新兴风险;不仅涉及研发与生产过程可能中断的风险,还涉及落地推广产业化过程被阻滞、中断的风险。如何通过提升承保能力和服务能力,为科技创新提供全生命周期的风险减量服务和风险保障,更好服务关键核心技术攻关企业和"专精特新"企业,是保险业面临的重大挑战,也是重要机遇。

三是助力民生改善。建设完善多层次的社会保障体系对经济发展、社会稳定、民生改善等至关重要。面临老龄化背景下日益增大的财政收支平衡压力,我们越来越迫切地需要推动市场发展,完善民生保障的"市场解",以满足群众多层次、多样化的需求。近年来,伴随保险业改革发展不断深化,功能逐步发挥,各界对保险功能作用的认识也逐步深入,很多厘清行业定位、利好行业发展的政策陆续出台,对住房反向抵押养老保险试点、个人税收优惠型健康保险业务、第三支柱养老保险产品等各类业务的支持,都体现出政策制定者希望借助保险服务国家治理、服务经济民生的期待。但过去一段时间的实践也表明,尽管政策"红包"连续出台,"叫好不叫座"的尴尬也时有发生。这一方面要从保险业自身找原因,要更积极地探索创新业务模式,提升承保和资金运用能力,用更优质的产品供给切实服务民生;另一方面,也需要对支持性政策建立长期性的评价机制,以便及时优化相应政策。例如,个人所得税综合改革大幅提升了起征点,削弱了之前出台的税前缴费扣除限额的激励作用,如何完善税收优惠等政策的动态调整机制?再如,从国际经验看,第三支柱养老保险产品的制度贡献主要是为个人提供更为丰沛的选择、激励其进行养老储备,同时适应就业形态的转变,让非标准就业者也有条件享受到养老储蓄的政策支持,那么,如何制定惠及面更广的产品优待政策,可能也需要更多探索和评估。

2021年,我国保险业累计实现原保费收入4.49万亿元,同比微降0.79%,财产险业务和人身险业务都出现不同程度的保费收缩;健康险业务同比增长3.35%,但增速与对行业潜力的预期差距甚远。这反映出当下保险行业发展的两大态势:其一,强调行业保障属性的工作已有成效。事实上,2021年保险业在业务规模略降的同时,赔付同比增长14.12%,在暴雨灾后重建、新冠疫苗接种中发挥了积极作用;其二,行业在转型调整提质清虚的同时,也遇到了各种困难交织的局面,经济增速放缓导致支付意愿低迷,大资管时代保险产品竞争力并不突出,科技能力和业务链整合能力相对薄弱,商业模式与新时代风险格局与消费者偏好结合不够紧密等问题都还持续存在,行业迫切需要更好融入经济社会发展大局,挖掘增长潜力,释放增长活力。对尚未进入成熟阶段的保险业而言,不发展可能是更大的风险。

(作者系北京大学经济学院副院长、教授)

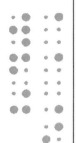

抓住"关键少数",防范债务风险

张鹏飞　吴宏慧

近年来,我国地方政府债务持续扩张,形成了一定的风险隐患。截至2021年12月末,全国地方政府债务余额30.47万亿元。按不同性质和形式,一般债务13.77万亿元,专项债务16.70万亿元;政府债券30.31万亿元,非政府债券形式存量政府债务0.16万亿元(财政部预算司,2022年2月9日)。值得指出的是,上述数据只包含了地方政府在限额内依法举借的"直接债务(显性债务)",地方政府还通过融资平台公司、政府和社会资本合作以及政府购买服务等方式积累了大量的"隐性债务"。由于测算口径的差异和测算出发点的不同,地方政府隐性债务的测算结果之间存在较大的差异。2017—2018年间,地方政府隐性债务规模的测算结果基本介于10万亿~50万亿元之间,其中30万亿~40万亿元是比较集中的测算结果(任涛,2019)。① 我们通过对YY评级官网(https://www.ratingdog.cn/home)所披露的数据进行加总,发现截至2020年底,全国省级、市级、县级三级地方政府融资平台的有息债务余额就达40.65万亿元之多。

地方政府融资平台公司(指由地方政府及其部门和机构等通过财政拨款或注入土地、股权等资产设立,承担政府投资项目融资功能,并拥有独立法人资格的经济实体)(《国务院关于加强地方政府融资平台公司管理有关问题的通知》,国发〔2010〕19号)。1998年8月,国家开发银行与芜湖市人民政府签订了融资

---

① 任涛.[浅谈]地方政府隐性债务规模到底有多高? 40万亿应该是有的[EB/OL].(2019-03-27)[2023-11-08]. https://mp.weixin.qq.com/s/v2P5GCgIK7Cx7UckQSTwgQ.

合作协议,标志着城市基础设施贷款领域"芜湖模式"的创立。美国次贷危机爆发后,世界经济金融危机日趋严峻。为抵御国际经济环境对我国的不利影响,2008年11月5日,国务院常务会议正式作出"四万亿投资计划"决策。为保证"四万亿投资计划"项目所需配套贷款及时落实到位,中国人民银行和中国银行业监督管理委员会①联合发文提出"支持有条件的地方政府组建投融资平台,发行企业债、中期票据等融资工具,拓宽中央政府投资项目的配套资金融资渠道"(《关于进一步加强信贷结构调整促进国民经济平稳较快发展的指导意见》,银发〔2009〕92号)。至此,平台为地方政府融资的功能得到了官方正式认可。"芜湖模式"在全国迅速复制、推广,全国几乎每个县、市都采用"芜湖模式"的基本原理和框架来搭建城市发展的平台(陈元,2012)。②

通过举债融资,地方政府融资平台对当地基础设施建设和经济社会发展的确起到了积极的促进作用。然而,地方政府融资平台的野蛮生长也引发了一些亟须高度关注的问题。为加强地方政府性债务管理,促进国民经济持续健康发展,2014年10月,《国务院关于加强地方政府性债务管理的意见》(国发〔2014〕43号)提出了"疏堵结合"的治理地方政府债务的原则。所谓的"疏"指的是修明渠——赋予地方政府依法适度举债融资权限;而所谓的"堵"指的是堵暗道——剥离融资平台公司政府融资职能,融资平台公司不得新增政府债务。然而,在实际的债务治理过程中,受国内外经济形势的影响,政策的松紧程度不断发生变化。

2022年1月,党的十九届中央纪委六次全会提出,紧盯"关键少数",加强对"一把手"和领导班子落实全面从严治党主体责任、执行民主集中制、依规依法履职用权等情况的监督。分析和讨论地方政府债务问题绕不开两类"关键少数":一是地方党政主要领导,二是融资平台的核心高管——董事长和总经理。为

---

① 2018年改为中国银行保险监督管理委员会,2023年在此基础上组建国家金融监督管理总局。
② 陈元.开发性金融方兴未艾[EB/OL].(2012-10-26)[2023-11-08]. https://www.financialnews.com.cn/yh/gd_89/201210/t20121026_18817.html.

此，我们收集统计了2008—2020年间中国大陆除西藏外的32个省、自治区、直辖市的地方政府债券余额以及市级政府及其部门（如国资委、财政局等）直接控股的751家融资平台的债务余额。我们还收集了市级地方党政主要领导（954位党委主要领导和1044位政府主要领导，简称为主要领导）和市级融资平台核心高管（1758位董事长和1682位总经理，简称为核心高管）的相关信息。

2015年1月1日起修订实施的《中华人民共和国预算法》赋予了地方政府一定的直接举债权限。以此为界，我们首先分析了2008—2014年核心高管更替对融资平台新增债务的影响。我们分别识别出主要领导任职期间本地某市级融资平台每年的平均筹资净额，数额越大意味着该融资平台在相应的主要领导任职期间年平均增加的债务越多。然后，基于第一类和第二类关键少数任职时点的先后，我们进一步分别识别出主要领导任职期间某融资平台是否有核心高管的新人事任命。为了排除主要领导任职时间长短对融资平台核心高管更替的影响，我们进一步构造了该主要领导任职期间核心高管更替的强度指数，并进行固定效应的面板回归分析。结果表明，核心高管更替确实会使得融资平台在其所对应的主要领导——特别是党委主要领导——任职期间年均新增更多的债务。并且，这一结果在东部地区和中西部地区、人口流入地和人口流出地的分样本估计中都显著成立。

在此基础上，我们分析了2015年之后发行地方政府债券对融资平台新增债务所产生的调节效应。结果显示，发行地方政府债券在一定程度上削弱了核心高管更替对主要领导——特别是党委主要领导——任职期间融资平台新增债务的正向影响；但与融资平台庞大的资金需求相比，市级地方政府获得的政府债券额度仍然十分有限。也就是说，这种通过"修明渠、堵暗道"来加强地方政府债务管理的政策未能取得预期效果，成效甚小。我们还进一步分析了2015年以来的债务治理政策对融资平台新增债务的影响。考虑到现实中各地融资平台的债务规模存在显著差异，我们有理由预期那些高度依赖融资平台借债的地方将受到更大的政策冲击。借鉴2019年诺贝尔经济学奖得主艾丝特·杜芙若（Esther Duflo）对印度尼西亚政府新建学校政策效果进行评估的方法,我们对债务治理政策的效果进行了强度双重差分法估计。结果显示,债务治理会抑制主要领导——特别是党委主要领导——任职期间融资平台的债务扩张,但是该抑制效果仅仅只在2017这一年表现为显著。我们认为这很可能与2017年7月中央高层一个月内连续三次对地方政府债务问题严厉表态有关。①

基于上述实证分析结果,我们试图就防范地方政府债务风险提供三点可供操作的建议:

为防范债务风险,我们要重点抓住地方党政主要领导这类"关键少数"。各级地方政府要严格落实地方党政主要领导负责的财政金融风险处置机制,把习近平总书记在2017年7月全国金融工作会议上提出的"终身问责,倒查责任"贯彻到底,牢牢守住不发生系统性财政金融风险的底线。

为防范债务风险,我们还要抓住融资平台核心高管这类"关键少数"。我们党始终坚持党对干部人事工作的领导权和对重要干部的管理权。坚持党组织对国有企业选人用人的领导和把关作用是党管干部原则在国有企业的一个重要体现。各级地方政府应树立正确的用人导向,不断优化融资平台的高管任免制度。

为应对国内外经济形势的变化,我国的债务治理政策要更有定力。党的十九大以来,习近平总书记多次指出"当今世界正经历百年未有之大变局"。面对变局,习近平总书记多次强调要"保持战略定力",即在错综复杂的国内外经济形势变化下坚持原有的既定战略。我国的债务治理任重道远,这就要求各部门在制定政策时做到不动摇,各级地方政府在执行政策时做到不放松,共同保证政策的连续性和稳定性。

(张鹏飞系北京大学经济学院副教授、博士生导师;吴宏慧系北京大学经济学院2019级博士生)

---

① 2017年7月14—15日的全国金融工作会议、24日的中央政治局会议以及28日的国务院常务会议都一致强调"严控"债务增量。

如何防范与化解中国地方政府债务风险

朱南军

国务院总理李克强在2022年《政府工作报告》中指出,"有序推进地方政府债务风险防范化解,稳妥处置重大金融风险事件"。《政府工作报告》反映了我国地方政府债务形势严峻以及中央对地方政府债务风险防范化解高度重视。当前我国地方政府潜在债务风险不容忽视:一方面,隐性债务占比偏高,2020年年底显性债务余额约25万亿元,而可控性更弱的隐性债务规模已扩大至40万亿元以上,接近显性债务规模的2倍;另一方面,我国面临较严峻的债务集中到期形势,未来5年我国地方存量债务年到期额均在4万亿元以上。而地方政府债务往往与金融机构、中央财政及信用紧密联系,由此决定地方债务风险具较强外溢性。在地方债务形势严峻、偿债压力加大的背景下,亟须厘清债务风险外溢的机制,努力做好防范工作。

一、中国地方政府债务风险外溢与传导的机制

(一)政府间的溢出。一是地方政府到中央政府的风险溢出。中央政府与地方政府间的强连带性决定了地方政府债务风险可能向上溢出。当地方难以筹措资金按时偿付债务时,上级政府为防止债务违约引发更大规模政府信用危机而无法坐视不理,往往被视为兜底支付者。因此一旦发生地方债务风险,其大概率会向上级政府传导。而如果风险敞口过大,甚至连中央政府都偿付不济,则可能会引发主权债务危机。二是地方政府间的风险溢出。债务风险在同级地方政府间同样可能外溢,这是由当前地方政绩考核模式及财政体制等决定的。基于与GDP强挂钩的政绩评价体系，地方官员对晋升的迫切需求使其对经济发展尤为关注。按期换届机制则将官员对GDP的关注局限于短期视角。而财政能力往往被视为拉动经济短期快速增长的捷径——通过大规模举债拉动投资有效刺激经济增长。由此各地方政府会想方设法获取资金，甚至肆意举借隐性债务。流动的社会资本势必趋向更高收益地区，这可能引发地方政府间举债的横向竞争，例如竞相承诺高收益等，由此造成政府间风险传染。

（二）风险间的溢出。一是从地方政府债务风险传导到政府财政及信用风险。地方政府盲目举债可能直接引致财政风险，而大规模债务违约则可能进一步引发政府信用危机。地方政府依靠财政担保，借助融资平台等变相举债，所形成的隐性债务规模具极大隐蔽性。由于项目信息隐秘，地方政府又无标准化预算管理，易造成风险疏漏。一旦遭遇短期大规模集中偿付，财政储备较弱的地方政府易发生流动性危机。叠加经济下行的财政收支压力，可能直接导致财政困难、引发财政风险。地方政府债务偿付与政府信用往往紧密相连，一旦地区内集中爆发债务违约而又无法快速妥善解决，就会对政府信用造成严重影响，实现债务风险向政府财政及信用风险的外溢。二是从地方政府债务风险传导到银行体系主导的金融风险。商业银行持有大量地方政府债务提升了债务风险向银行体系为主导的金融风险转化的可能性。据统计，地方政府债务投资者结构中商业银行占比达到85%以上，而其中又以抗风险能力较弱的区域性中小银行为主。而对银行体系来说，地方政府债务尤其是隐性债务交错复杂，风险敞口、期限结构等均难以准确估算，导致其难以进行有效流动性管理。此外，地方政府债务主要投资于基建等项目，相对较长的资金期限易引发长短期流动性错配，使地方政府债务风险容易外溢至银行体系。

二、防范中国地方政府债务风险的举措建议

（一）针对政府间风险溢出。针对地方政府到中央政府的风险外溢，首先，要坚持"地方举债、地方偿付"原则，阻断风险向上转移路径。贯彻中央政

府不救助原则,打消地方政府认为中央政府会兜底的念头以降低道德风险。其次,要探索地方政府有限责任制度,对地方政府行为形成硬约束,敦促理性举债。最后,要完善财政体系建设,明确各级政府的权责范围以努力解决地方与中央权力不匹配的矛盾,逐步建立根治地方政府债务风险向上转移长效机制。针对地方政府间的风险溢出,需认识到单一政绩评价指标、地方与中央财政分权是风险溢出的深层原因。因此除了解决地方中央事权财权不匹配的矛盾,还需着眼于政绩评价体系的完善。首先,应杜绝以GDP为唯一标准的"一刀切"政绩评价标准,努力构建多维度、科学化的评价体系。其次,针对定期换届造成官员只重视短期增长而肆意举债的行为,要健全事后跟踪追责机制。

(二)针对不同风险间溢出。针对地方政府债务风险向政府财政及信用风险的外溢,应加快政府信用剥离与信用制度建设。首先,要加快融资平台与政府信贷间的分离。当前的顶层规章制度设计已划清地方融资平台与地方政府的界限,未来还需进一步落实顶层设计、规范融资平台公司行为。其次,要逐步建立地方政府信用制度,完善债务信息披露,使市场对政府当前的债务规模、风险敞口等关键问题形成合理预期,从而熨平市场不合理担忧与不必要恐慌,防止恐慌情绪诱发风险外溢。针对地方政府债务风险向银行体系为主导的金融风险的外溢,需在化解存量、控制增量两方面努力。存量债务方面,敦促隐性债务透明化减少信息不对称。要求地方政府如实上报隐性债务信息,配合银行体系进行债务摸底,将风险敞口较大的银行列入系统重要性目录,及时监控预警。增量债务方面,首先,由于地方政府大多掌握地方商业银行控股权,银行对政府的放贷可能"身不由己",所以需要进一步强化银行体系业务监督。其次,地方金融机构往往认为政府债务具备刚兑属性,导致其在项目风险识别等环节有所疏忽。因此需要对金融机构进行市场教育,改变政府担保兜底的固有观念,增强风险意识。

(三)针对根治化解地方政府债务风险。控制风险传染渠道是防范风险外溢的关键之一,而化解地方政府债务风险能够从风险根源方面减少风险爆发的可能性,亦能有效控制风险传染。根治化解地方政府债务风险可从地方政府债务"借—用—还"三个环节努力。

借:透明化、控增量、化存量。① 透明化。信息透明化不仅能有效督促地方政府约束自身举债行为,也是未来中央政府对各地方政府债务进行全局式监管的重要抓手。债务透明化要求地方政府明确各类债务的统计口径与政府责任范围,定期对债务种类、规模、结构、期限、债务主体及其主要财务情况、债权人等关键信息进行全国范围内标准化的统一披露,以便监管机构与中央政府及时了解跟踪各地区债务信息,方便进行风险预警并提前制定妥善处理方案。② 控增量。敦促地方政府与金融机构共同发力严控地方债务增量。地方政府方面,严禁变相举债以控制隐性债务规模、实行限额发行制约显性债务规模以及严格债务项目管理规范新增债务。作为资金贷方的金融机构,也需要通过加强自律、严格审查等方式助力政府新增债务控制。③ 化存量。多措施并举逐步消化地方政府存量债务风险。首先,推动短期高息地方政府债务置换。地方政府负有偿还责任的短期、高息存量债务,由于极易引发违约风险,应适当将其转化为中长期、低成本债务,达到延长偿债期限、逐步消化化解的目的。其次,鼓励各级政府运用债务重组、资产处置等市场化手段化解存量债务、盘活存量资产。

用:强管理、提效率。当前地方政府债务资金闲置等现象依然存在,为提升资金效率,政府需着力完善事前、事中及事后的全流程管理。事前对项目合理性与收益性进行评估,对项目收益预测、资金需求等进行详细论证。事中做好资金使用等的监督,加快资金和项目对接拨付,防范杜绝资金挪用滥用。事后定期选取资金效益较好的部分重点或示范类项目开展绩效评价,总结有益经验及时应用于后续项目,逐步提升项目运营和资金使用效率。

还:优财权、促增值。① 优财权。当前我国地方政府财政收入主要来自地方税收与土地出让,尤其对不可持续的土地出让依赖较强。为有效化解潜在的政府收入下滑风险,应进一步优化财政体制。地方税收方面,考虑到中央政府与地方政府间的事权财权不匹配,首先应健全地方税制,适度下放财权以保障地方政府债务具备较稳定的偿付能力。土地出让方面,对当前不可持续的土地财政进行改革。考虑逐步剥离地方政府的土地经营管理职能,转而承担微观规划管制与市场宏观调控职能,将地方政府从短期土地增值收益中解放。② 促增值。地方政府通过促进资产保值增值能够缓解财政压力、达到控制内在举债冲动的效果。一方面,政府应简政放权、放管结合,促进国有企业提质增效以实现地方国有资产保值增值;另一方面,考虑到当前我国地方政府的资金再投资保值增值能力较弱、途径较狭窄,未来可适当创设更市场化的地方政府资产管理方式,更多引入市场机制和市场化手段以实现资产增值。

(作者系北京大学经济学院教授)

Part 3 宏观调控：谋篇布局，纲举目张

以全国统一大市场筑牢市场经济根基

苏 剑

我国改革开放四十多年来,在建设全国统一大市场方面已经取得了巨大进展,但还没有达到完善的程度,还需要进一步加快建设,并以此筑牢我国社会主义市场经济的根基。

一、市场经济运行所依靠的两个机制

市场经济的运行依靠两个机制,一个是价格机制,另一个是竞争机制。在这两个机制的共同作用下,市场经济能够实现多种功能。

首先,能够使供求自动达成均衡。比如,在商品市场上,需求和供给状况会决定均衡价格和均衡数量。一旦出现生产过剩,生产者之间就会展开价格竞争,随着价格的降低,消费者的需求量逐渐上升,而生产者愿意供给的数量逐渐减少,其结果就是商品供求缺口越来越小,最终达到均衡状态,生产过剩的情况就会被消除。相反,当出现供小于求的情况时,消费者之间的竞争会导致价格上升,促使生产者扩大生产,最后供需双方达到均衡状态。

其次,资源能够得到充分利用。比如,在劳动力市场上,真实工资的调整能够自动均衡劳动力的供求。如果存在失业,工资就会下降,导致劳动力需求增加、供给减少,从而消除失业,最终保证劳动力资源的充分利用。企业为了利润最大化,会想方设法节约成本,包括尽量选用便宜的投入品、提高技术水平等,这就促使资源得到了有效利用。消费者之间的竞争会使商品被最想得到因而出价最高的人买到,从而使得商品被配置到最有效用的方向。

最后,能够实现个人利益和社会利益的一致。在自由竞争市场中,企业为追求自身利益,就得想方设法生产适销对路的产品,满足消费者的需要;同时想方设法降低成本、节约资源。这些就实现了社会利益的最大化。

当然,上述观点都是古典经济学的观点,是理想化的,在现实中,市场经济的运行没有这么完美。市场经济要完美运行,需要满足一些条件,而要满足这些条件的一个重要基础,是建设全国统一大市场。

二、市场经济离不开商品和要素的自由流动、自由竞争

市场经济正常运行需要商品和要素能够自由流动、自由竞争。当市场出现供大于求时,有些企业需要退出这个市场,这意味着企业雇用的各种要素需要转到别的行业或地区,雇用的人员另找工作,机器设备和占用的土地被变卖,资金被投入其他行业,等等;如果要素不能自由流动,企业就无法转产,供给也无法下降,均衡便无法实现。同样,如果供小于求,需要新企业进入这个市场,前提也是要素能够自由流动。市场经济需要自由竞争,当供大于求时,需要生产者之间的竞争;当供小于求时,需要消费者之间的竞争。如果没有这种竞争,供给与需求之间的均衡就无法实现。

充分利用资源需要商品和要素能够自由流动、自由竞争。如果一个行业出现了生产过剩,要把这些过剩要素充分利用起来,就得让它们流动到别的行业、企业或地区。商品也一样,如果一个地区某种商品供过于求,可以将其卖到其他地区甚至别的国家。如果要素和商品不能自由流动,商品会卖不出去,要素也无法充分利用。资源的充分利用需要自由竞争。当存在劳动力失业时,如果劳动者之间不能竞争,工资就降不下去,劳动力需求就上不来,失业就消除不了。如果存在劳动力短缺,企业间展开竞争,谁出价高谁雇到劳动者,最终会实现劳动力的有效利用。竞争逼迫企业提高自身技术水平,想方设法降低成本;也迫使劳动者不断学习、不断探索,提高自己的技术水平和生产效率。

个人利益和社会利益的最大化也要求要素和商品能够自由流动、自由竞

争。每个人都有自己的专长，但其专长可能在本地或目前所在行业不能得到最有效的发挥，如果能在外地或别的行业找到机会，就有助于实现他的个人利益最大化，如果他的行为不违法，就同时实现了社会利益最大化。个人利益和社会利益的最大化离不开自由竞争。在很多行业或地区，都存在一些限制竞争的准入条件。比如有些岗位要求高学历，这可能使学历低但能力强的人不能最大限度得到自己的利益，企业也因过高的人力资本成本没有实现自己的利益最大化。再比如，一个医术高明的民间中医师可能因种种原因拿不到行医证，导致他不能最大化自己的利益，同时，本来可由他治好的患者也因他不能行医而失去治疗的机会，导致社会利益不能最大化。

三、市场越大，市场机制越有效

市场经济的核心是分工和交换。分工和交换是同一经济事件的两个环节。市场机制直接体现的是交换环节，而交换的前提是分工。一般而言，分工越细，生产者的专业化程度就越高，生产效率就越高。

分工的精细程度取决于市场规模的大小。市场规模足够大，一些小众的产品和服务才能盈利。

市场规模越大，意味着企业的原材料和其他投入品的来源也更广泛，得到物美价廉的原材料和其他投入品的可能性就越大，企业可以在保证投入品质量的同时实现生产成本最小化。

四、加快建设全国统一大市场

为了让市场经济更有效运行。首先，需要商品和要素能够自由流动、自由竞争。这就要求在经济中不存在市场分割，同时使商品和要素流动的成本最小化。任何形式的市场分割都不利于市场经济的正常运行。比如户籍管理制度，导致外来务工人员无法享受到与本地人一样的公共服务，包括医疗保险、保障房的购买资格或商品房贷款比例等，这些都限制了劳动力的自由流动。此外，地方保护主义和行业垄断现象，也是不利于自由竞争的。

其次，对于一个国家来说，最大的国内市场当然就是全国市场。因此，如果打破了地方保护，建设了良好的交通通信基础设施，在各行各业以及各地区之间实现了充分竞争，从而形成了一个全国性的统一大市场，那么各种资源就可以在全国范围内实现最优配置，就能够使得我国的市场经济实现最有效的运行。

总之，全国统一大市场就是实现了商品和要素的自由流动、实现了充分竞争、实现了交易成本最小化并且覆盖全国的大市场。建设全国统一大市场，需要在全国范围内打破地区间、行业间的各种市场壁垒，促进商品和要素的自由流动；尽可能降低垄断程度、鼓励充分竞争，在无法完全消除垄断的领域对垄断进行严格监管，尽量降低其负面影响；完善交通、通信等硬基础设施和法律等软基础设施，尽可能降低交易成本。

（作者系北京大学经济学院教授、北京大学国民经济研究中心主任）

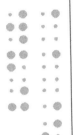

货币政策发力稳增长

施建淮

2022年我国经济发展面临诸多压力,新冠疫情反复对消费需求形成抑制,房地产等部分领域投资尚在探底,存在继续下行的可能;新冠疫情引发的原材料供给冲击、劳动力供给冲击仍将持续;经济增速与预期投资回报率下降导致投资意愿低迷,受新冠疫情影响,旅游出行、休闲娱乐等服务行业盈利预期减弱等。外部环境方面,新冠疫情、主要发达经济体通货膨胀攀升、美联储货币政策转向和俄乌冲突构成影响全球经济金融运行的不确定性因素。面对内部经济压力和外部环境的不确定性,稳增长的紧迫性不断提升。货币政策作为调控宏观经济的手段对2022年我国经济的稳定增长发挥重要作用。李克强总理在2022年《政府工作报告》中提出,加大稳健的货币政策实施力度,发挥货币政策工具的总量和结构双重功能,为实体经济提供更有力的支持。外部环境特别是美联储货币政策转向对中国人民银行货币政策执行产生怎样的约束,人民币汇率变动对我国经济和货币政策执行有什么影响?本文对此做一简要的分析。

一、中美货币政策分化对我国货币政策形成约束

2021年10份以来美国的消费者价格指数(CPI)同比增速连续多月刷新40年来的新高。面对持续高涨的通货膨胀压力,美联储2022年首次议息会议释放了年内加息并收缩资产负债表的信号,并表示未来每次议息会议都可能讨论加息问题。这标志着美联储实行的宽松货币政策将发生反转。中国正

处于经济下行压力中，中国人民银行坚持跨周期与逆周期调节有机结合，并于2021年12月6日下调金融机构存款准备金率0.5%，共计释放长期资金约1.2万亿元。12月7日，中国人民银行再次定向降息，下调支农再贷款、支小再贷款利率0.25%。预期2022年中国人民银行仍会采取相对宽松的货币政策，这导致2022年中美货币政策将呈现分化。

2022年3月16日美联储议息会议宣布加息25个基点，将联邦基金利率目标区间升至0.25%~0.5%。这是自2018年12月以来，美联储首次宣布加息。议息会议后发布的利率预测点阵图显示，美联储官员预计2022年还将有六次加息，即余下时间里每次议息会议都将加息25个基点，年内基准利率或升至1.9%。美联储的紧缩货币政策将推动美债利率上行，增大美国与其他国家的利差，吸引资金回流美国。对中国而言，截至2022年2月15日，中美10年期国债收益差较2021年年底下降51个基点至74.5基点，已低于80基点—100基点的"舒适区间"，美联储加息导致资本流出压力增加，对人民币形成贬值压力，这将制约我国宽松货币政策的实施。然而基于下面一些原因，中美货币政策分化加剧对中国人民银行货币政策执行的影响是有限的。

第一，除利差外，未来人民币汇率预期，以及中美资产风险溢价都是决定证券资本流动的决定因素。我国新冠疫情控制较好，经济稳步恢复，使得人民币资产成为全球投资者分散投资风险的重要选项。此外，为应对疫情冲击，全球主要经济体实施了大规模的财政货币刺激政策，中国则坚持实施正常的宏观经济政策，中国经济增长的基础更为扎实。这有助于国际投资者看好中国经济增长长期前景，从而支撑人民币汇率预期，降低人民币资产的风险溢价。

第二，2021年10月29日，富时世界国债指数（WGBI）正式纳入中国国债，将在36个月内分阶段纳入，将推动万亿美元规模的增量资金流入国内市场。此前中国国债已获彭博巴克莱全球综合指数（BBGA）和摩根大通全球新兴市场政府债券指数（GBI-EM）纳入，此次中国国债纳入WGBI，将进一步加强中国国债的安全边际，为国际投资者带来一个安全、回报丰厚的选择，这也会冲销中美10年期国债收益率利差有所收窄的影响。债券通相关统计数据显示,2022年1月末,境外机构净增持境内人民币债券663亿~4.07万亿元,连续10个月上升。其中,境外机构在中央结算公司的债券托管量新增501亿~3.73万亿元,连续38个月上升。因此美联储加息导致的中美利差缩小对国际投资者选择人民币资产的影响将会是有限的。

第三,出于对中国经济增长的信心和中国庞大市场的吸引力,直接投资账户下流入我国的境外资本一直比较稳定,商务部的统计数据表明,2022年1—2月,我国实际使用外资以人民币计同比增长了37.9%。

第四,商品进出口是我国外汇市场供求的主要力量。2020年和2021年,我国进出口贸易分别增长了24.4%和29.1%,贸易表现出色的原因,一是由于我国新冠疫情率先得到有效控制,使得我国的企业有能力接收其他新兴经济体无法正常履行的大量订单;二是美国等主要国家受到严重的供应链中断、缺工缺芯缺柜、大宗原材料价格大幅波动等因素冲击,出现了供给短缺。虽然美国对我国出口产品加征25%的关税并执行多种抵制措施,我国出口贸易仍保持了强劲增长势头。特别是2021年上半年以来出口持续超预期,贸易大额顺差对人民币汇率形成了重要支撑。

二、发挥人民币汇率自动稳定器功能,拓展货币政策自主空间

随着全球疫情趋于缓和,境外供应链将开始逐步恢复,我国对外贸易向下的压力将呈现出来。2022年1—2月我国贸易顺差1159.6亿美元,创了历史新高,但出口和进口增速出现放缓。2022年1—2月我国出口总值以美元计同比增长16.3%,回落4.6%;进口总值以美元计同比增长15.5%,回落4%。分类别看,因欧美国家疫情缓解并开始逐步开放,医疗用品的出口增速有较大降幅;机电产品和高新技术产品出口增速也出现回落。欧盟是我国的最大贸易伙伴(2022),俄乌冲突的加剧、对俄罗斯各项制裁的实施以及由此带来的高通货膨胀等因素将给欧盟经济发展蒙上一层阴影,进而影响我国对欧盟的出口。随着全球产能的恢复,2022年我国出口替代作用可能有所减弱,出口增速难以保持2021年的高增长,出口对人民币汇率的支撑作用将有所降低。

但这未必是坏事。2015年《关于完善人民币兑美元汇率中间价报价的声明》发布以来人民币汇率弹性明显增大，市场化程度提高。2020年6月以来人民币对美元的双边汇率由1美元兑7.087元人民币一路升值到2022年2月兑6.347元人民币，维持较长时间单边升值的强势态势，如果因为中美利差收窄和贸易增速放缓而出现一定程度的贬值，是市场供求决定而非官方干预的结果，不仅使人民币汇率恢复到双向波动的正常态势，也有利于发挥汇率调节宏观经济和国际收支的自动稳定器功能，稳定我国的出口和资本流动，释放我国货币政策自主空间。

三、政策建议

美国作为全球最重要的经济体，加之美元在国际货币体系中的作用使得美联储的货币政策具有外溢效应，2022年美联储货币政策转向必然会对我国货币政策操作产生一定的约束。上面的分析表明这种约束是有限的，人民币汇率浮动也会在一定程度上阻断美联储货币政策的外溢效应。因此2022年我国货币政策应继续坚持"以我为主"，主动有为，积极进取，及时运用降准降息等多种货币政策工具，靠前精准发力。同时，要更多运用结构性货币政策工具，加大对科技创新、小微企业、绿色发展、乡村振兴等重点领域和薄弱环节的支持。我国中小企业贡献了80%的城镇劳动就业，加大对中小企业的融资支持也有助于缓解新冠疫情暴发以来显现的就业压力。结构性货币政策工具对中美长期国债利差没有直接影响，可以有效规避中美货币政策取向分化产生的政策约束。

（作者系北京大学经济学院教授、博士生导师）

应关注货币政策的收入分配效应

宋芳秀

共同富裕是党的十九大确立的第二个百年奋斗目标的重要内容。"富裕"要求"做大蛋糕",实现经济的高质量发展;"共同"则要求"分好蛋糕",优化和完善收入分配制度。李克强总理在2022年《政府工作报告》中强调,要"多渠道促进居民增收,完善收入分配制度,提升消费能力",说明党和政府高度重视收入分配问题。合理的收入分配结构是提高居民消费率、实现经济高质量发展的重要保障。此前,中央财经委员会在2021年8月召开的第十次会议也明确提出,要"形成中间大、两头小的橄榄型分配结构",应"扩大中等收入群体比重,增加低收入群体收入"。

经济政策及其变化是影响收入分配的众多因素之一。货币政策作为宏观经济政策的重要组成部分,对收入分配的影响很早就受到各国中央银行和学者们的关注。美联储原主席艾伦·格林斯潘(Alan Greenspan)早在1998年就指出,货币政策具有收入分配效应;诺贝尔经济学奖得主本·伯南克(Ben Bernanke)也认为,适宜的货币政策有利于调节收入分配、降低社会分配不均的现象。原中国人民银行行长易纲也曾在2001年指出,中国的利率政策会影响收入分配状况。

中央银行应积极关注货币政策的收入分配效应,其原因主要有两个方面:一是货币政策可能对收入分配产生不利影响。中国货币政策的目标是保持物价稳定,并以此促进经济增长,这些目标和优化收入分配、实现共同富裕整体一致,但是货币政策的实施对功能性收入分配和规模性收入分配都会产生一定的影响,有时可能是不利影响,作为公共政策的货币政策应尽量避免造成收入分配不公。二是货币政策的效果会受收入分配结构的制约。收入分配差距的拉大会影响经济中的整体消费率,如果一国经济增长强劲但收入分配失衡,这样的经济增长是难以持续的,货币政策提振经济的努力也会事倍功半。从提升货币政策效果的角度来看,货币政策的收入分配效应也值得关注。

一、货币政策收入分配效应的复杂性

货币政策的传导机制复杂、作用存在时滞、政策类型和工具多样、实测环境多变,这些特点决定了货币政策收入分配效应的复杂性。

一是货币政策通过多种渠道影响收入分配,货币政策的整体影响难以确定。货币政策可通过通货膨胀、资产价格、利率、汇率等变量影响收入分配,传导渠道也呈现出多元的特征,具体有储蓄再分配渠道、投资组合渠道、工资异质性渠道、金融参与渠道等。在分析一国货币政策的影响时,我们很难将货币政策影响收入分配的所有渠道都考虑在内,多渠道共同影响的综合效果也难以准确地测度和衡量。

二是不同类型的货币政策对收入分配的影响也存在差别。首先,传统货币政策和非常规货币政策的影响不同。传统观点认为,旨在降低通货膨胀和稳定总需求的传统货币政策有助于长期改善低收入人群的状况。而 2008 年全球金融危机以来,各国中央银行推出的非常规货币政策对利率期限结构和资产价格都产生了直接的影响,从而可能拉大收入分配差距。其次,数量型货币政策和价格型货币政策、不同的货币政策工具对收入分配的影响渠道和最终影响也存在差别。

三是货币政策的作用时滞及周期特征也影响货币政策的收入分配效应。货币政策效力的发挥存在作用时滞,对不同中间变量产生冲击需要的时间不同;这些变量再通过各种渠道或快或慢地影响收入分配,并且可能通过连续的传导对收入分配产生若干轮影响,如货币政策导致资产价格变化并影响收入分配,资产价格的变化会引发资产组合的调整,从而再次影响资产价格变化和收入分配。另外,货币政策在较长周期中对实际变量的影响很小,加上货币政策本身也存在扩张和紧缩的周期变化,因此,从较长的时间周期来看,货币政策对收入分配的影响会被抵消。

四是货币政策对收入分配的具体影响受制于不断变化的施策环境。货币政策对收入分配的影响不仅取决于货币政策本身的特征,还受制于货币政策实施时所处的不同经济发展阶段、特殊的宏观经济环境、其他公共政策的特征以及收入和财富的初始分配状态。不断变化的施策环境带来了货币政策收入分配效应的不确定性,加大了分析该问题的难度。

综合以上因素可知,货币政策对收入分配的影响因不同国家、不同时期、不同政策工具、不同施策环境而有差别,它既有可能导致不平等程度增加,带来马太效应;也有可能导致不平等程度减少,改善收入分配。针对具体国家特定时期的实证分析对理解货币政策收入分配的具体效果而言至关重要。

二、中国货币政策收入分配效应的特殊性

我国当前正处于经济转型时期,转型期特殊的经济和金融结构可能对货币政策的收入分配效应产生负面影响,导致收入在不同部门、不同地区、不同人群之间的分配存在较大差别。

一是存在金融资源配置的失衡。首先,不同所有制企业之间的金融资源配置呈现出非均衡特征,国有企业凭借政府的隐性担保,无论在直接融资体系中还是在间接融资体系中,都能相对更容易地获取金融资源。其次,城市与农村之间、不同地区之间的金融资源配置也存在明显的不均衡特征。相对农村地区和中西部地区,城市地区和东部地区更容易获得金融资源。在货币政策扩张的过程中,不同类型企业和不同地区居民的获益出现明显差别,从而可能加大收入分配差距。

二是存在金融和实体经济的失衡。2017年召开的中央经济工作会议指出,金融和实体经济失衡,是中国经济转型期存在的三大失衡(其他两大失衡为实体经济结构性供需失衡、房地产和实体经济失衡)之一。中国的金融业增加值占 GDP 的比重在全球位于前列，与此同时，金融业又存在一定程度的脱实向虚现象，扩张性货币政策投放的部分资金在金融体系内循环并增值，没能对实体经济发展产生助益，反而加大了金融体系和实体经济之间的收入差距。

三是存在房地产业和实体经济的失衡。房地产与实体经济失衡，是扭曲收入分配的重要因素，也在很大程度上影响了货币政策的收入分配效应。在过去的二十多年，房价高速上涨在很大程度上影响了中国居民的收入分配。扩张性的货币政策在拉高房价的同时，也加大了不同城市之间的房价差距，从而使大中城市拥有住房的人群从货币扩张中获益更多。同时，房地产业占用了较多的金融资源，也使实体经济部门处于相对不利的发展地位。房地产业和实体经济的失衡拉大了居民收入分配差距，对企业投资和居民消费都产生了一定的负面影响。

四是存在较大的地区发展差距。我国东部地区和中西部地区在经济与金融发展方面仍存在较大差距，在对金融产品的购买和持有方面也存在较大差异。扩张性的货币政策无法使所有地区同等程度受益，东部沿海地区在扩张性货币政策实施之后会占用更多的金融资源，对金融产品的更多持有也会使东部地区居民从资产价格的上涨中更多获益，从而拉大不同地区的收入差距，增大货币政策对收入分配的不利影响。

三、制定有助于优化收入分配的货币政策

由于货币政策对我国的收入分配会产生一定的影响，我们应在关注货币政策本身的目标、探析货币政策收入分配效应的基础上，发挥货币政策调节收入分配的积极作用，促进共同富裕。建议重视下述方面的工作：

一是继续保持货币信贷总量稳定增长，控闸限流，避免"大水漫灌"。李克强总理在 2022 年的《政府工作报告》中强调，要加大稳健的货币政策实施力度。中国人民银行应把握好货币政策的实施力度和节奏，保证货币供应量和社会融资规模增速同名义经济增速基本匹配，既要避免流动性不足影响经济增长和收入总量，又要防止流动性过多带来的通货膨胀和资产价格泡沫拉大

收入分配差距。

二是通过结构性货币政策工具精准滴灌,加大对特殊领域的支持力度。2013年以来,中国人民银行的结构性货币政策工具屡有创新,定向降准、定向再贷款、中期借贷便利(MLF)、直达实体的货币政策工具等在定向引流方面扮演了重要角色,促使信贷资源流向科技创新、绿色发展、小微企业、"三农"等更有活力的重点领域和薄弱环节。结构性货币政策工具直接影响了不同领域、不同人群能够获得的金融资源,在稳定我国中小企业和弱势群体收入方面发挥了积极作用。

三是货币政策应和其他政策紧密配合,发挥调节收入分配的积极作用。调节收入分配需多种公共政策工具配合,其中,财政政策是对国民收入的分配和再分配进行调整的最重要政策手段。货币政策尤其应注重和财政政策的密切协调配合,如在解决中小企业融资难等方面,结构性货币政策和财政政策的作用方式相似,我们应重点关注结构性货币政策和财政政策的实施对象有无重合、如有重合如何协同发挥政策的最大效力、有无仍存在空白的领域、两大政策中哪一政策更有效率等问题。

四是经济改革是解决经济转型时期结构性失衡、优化货币政策收入分配效应的根本。中国经济转型时期的结构性失衡对货币政策的收入分配效应产生了重要影响,要优化货币政策的收入分配效应,应从根本上解决经济转型期结构性失衡问题。当前我国存在的三大经济转型期结构性失衡环环相扣,是经济转型时期体制机制问题的综合反映。只有加快供给侧结构性改革等经济改革,才能实现新的动态均衡,货币政策在收入分配过程中才能发挥更为积极的作用。

(作者系北京大学经济学院教授、博士生导师)

"两会"精神与货币政策调整

吕随启

李克强总理在2022年《政府工作报告》中,全面肯定了过去一年我们所取得的巨大成就,也指出中国面临前所未有的巨大挑战。从外部来看,国际形势风云变幻,国际争端和利益纠葛日益错综复杂。全球资本市场、外汇市场波动加剧,跌宕起伏,风险和不确定性迅速上升。美联储货币政策转向,加息日期临近有可能使问题雪上加霜。就内部而言,货币政策承受的压力日益上升,面临多重困境:一方面,要解决实体经济大幅下滑、企业和家庭资产负债表恶化、消费领域通货膨胀与生产领域通货紧缩困境交织并存、地方债和企业债高企且违约率上升、房地产市场收缩、资本市场维稳等现实问题,同时完成《政府工作报告》中提到的做好六稳六保、确保粮食能源安全、防范化解重大风险,以及社会保障、绿色发展、科技创新、乡村振兴、区域发展、抗击疫情等重要任务,要求货币政策进一步宽松;另一方面,外汇供求格局趋于紧张、人民币贬值预期强化、资本外逃压力加大、通货膨胀预期强化、化解风险等要求货币政策中性偏紧,通过稳定汇率化解系统性金融危机的隐患;进一步而言,如果中国政府既促进实体经济发展,又要通过稳定汇率防范化解金融危机,中央银行就只被迫适当加强资本管制,这与人民币国际化的大方向背道而驰,有可能面临巨大的国际压力。正是因为内忧外患加上三重困境的制约,我国货币政策必须才亟须尽快调整,加大稳健的货币政策实施力度,充分发挥货币政策工具的总量和结构双重功能,为稳增长、促就业、发展实体经济提供有力支持。

第一,货币政策的调整必须能够有效促进内外部经济目标的均衡。货币政策三难困境的本质表明,中国货币政策回旋余地很小,空间有限;中央银行无论是去杠杆还是大规模放水,无论是持续紧缩还是大规模放松,都不具可持续性;那些认为我国货币政策游刃有余的结论是不成立的;对于货币政策我们既不能过度悲观,也不能盲目乐观。面对这种三难困境,首先,在对外减少外汇市场干预的前提下,对国际社会的承诺、外汇储备的损耗、高昂的干预成本、干预的有效性以及可持续性决定了稳汇率的手段和方式需要适时调整,以应对非常规时期"黑天鹅"事件的不利冲击。其次,继续按照外松内紧的原则对内加强资本管制,将人民币贬值压力内部消化。人民币汇率走势与经济基本面的背离需要高度警惕,未雨绸缪,提前采取必要措施防患于未然。最后,针对新冠疫情导致实体经济下滑的严峻局势,维持货币政策的谨慎宽松,适当注入更多流动性来实现稳就业、稳增长的目标。

第二,货币政策的总量控制与结构调整必须兼顾。中国人民银行货币政策委员会在2021年第四季度例会上提出"发挥好货币政策工具的总量和结构双重功能"。在此基础上,2022年《政府工作报告》中进一步予以明确。中国经济当下面临的需求收缩、供给冲击和预期转弱的三重压力,货币政策必须从总量和结构两个方面同时发力。具体而言就是,在总量上,通过扩大流动性投放规模、全面下调存款准备金率、小幅下调政策利率等工具增加流动性注入;在结构上,通过扩大支持普惠小微企业和个体工商户的再贷款规模、实施好碳减排支持工具和支持煤炭清洁高效利用专项再贷款、综合施策支持区域协调发展等措施,实现定向投放、精准注入和结构优化。就总量与结构的关系而言,总量适度扩张表明的是政策取向,加大对实体经济的支持力度,结构工具优化提供的是结构性支撑,二者缺一不可,必须兼顾。

第三,货币政策跨周期调节与逆周期调节必须有效结合。货币政策逆周期调节是2018年中央经济工作会议上提出的,是指通过一些货币政策工具和措施熨平经济运行中过度的周期性波动,降低由此积累的系统性风险。货币政策跨周期调节是2021年7月30日中央政治局会议上提出的新说法,也是2022年《政府工作报告》中再次强调的。在原来一直强调和贯彻实施的逆周期调节的基础上,把跨周期调节这一新思路写进2022年《政府工作报告》,彰显了它的重要性。逆周期调节是通过具体的货币政策手段付诸实施,属于具体执行也就是战术层面的东西;而跨周期调节则是通过跨周期政策设计保持货币政策的连续性、稳定性和可持续性,属于总体设计也就是战略层面的范畴。值得强调的是,首先,跨周期调节的政策主旨是兼顾当期和未来发展的平衡,确保政策的连续性和稳定性;其次,跨周期调节要求实现跨部门、多政策之间的统筹协调,确保政策的全局性;最后,跨周期调节必须实现稳增长与促改革的平衡,确保政策的可持续性。这些目标需要按照逆周期调节的方式通过具体的货币政策工具来付诸实施和完成,因此,跨周期调节与逆周期调节必须有效结合,相辅相成。

第四,货币政策调整必须有效应对美联储货币政策调整带来的挑战。从美国经济形势来看,一方面,美国经济活动和就业指标继续得以改善,近几个月来,就业岗位的增长强劲,失业率亦大幅下降。另一方面,面对近期地缘事件可能带来的不确定性、与疫情有关的供需失衡、能源价格的上涨以及更广泛的物价压力带来的额外通货膨胀压力,美联储将2022年的GDP增长预测从4%下调到了2.8%,2023年为2.2%,2024年为2%;并大幅上调了通货膨胀预测,以匹配现实状况。通货膨胀预测中值2022年为4.3%,2023年降至2.7%,2024年为2.3%,风险偏向上行。为了寻求在长期内实现最大(充分)就业以及2%的通货膨胀目标,美联储货币政策取向趋于紧缩。具体内容包括:(1)首次加息,于2022年3月16日决定将联邦基金利率的目标区间提高到0.25%~0.5%(加息25个基点);(2)正式进入加息周期,预计2022年内可能加息4—6次;(3)启动缩表,预计在2022年5月开始减少其持有的国债、机构债务以及MBS。面对美联储货币政策调整带来的冲击,我国国内舆论的主基调充满乐观,认为美联储加息不会左右我国货币政策、中国货币政策逆行宽松、中美货币政策进一步分化等,然而对于美联储货币政策调整为中国货币政策调整带来的巨大压力和挑战却缺乏重视。首先,中国货币政策要主动应对,按照国内优先的原则制定货币政策;其次,新增贷款要保持适度增长,更好地支持实体经济,实现稳就业、稳增长的目标;再次,追求中央银行稳中偏松的政策基调不会因美联储加息而改变,但是不宜大幅宽松,即使为了保持流动性合理充裕,也不要以大幅降准的方式饮鸩止渴;最后,中美货币政策错配造成的中美利差收敛、资本回流、美元指数走高、美国经济增速放缓等因素,将对中国跨境资本流动、人民币汇率以及金融市场的稳定产生一系列不容忽视的影响,短期降息的空间和回旋余地较小。

第五,货币政策调整必须有效应对不确定性上升带来的风险。疫情反复加剧、地缘政治博弈复杂化、俄乌战争突发、全球供应链趋于脆弱、能源价格飙升、通货膨胀压力加剧、金融市场跌宕起伏,这些不确定因素以及无法事先预料的"黑天鹅"事件都对中国货币政策调整提出了更高的要求。首先,如此多不可预测的不确定性因素,表明货币政策必须谨慎、稳健,要留出足够的回旋余地,无论是大幅宽松还是大幅紧缩都是不可取的,必须避免货币政策的大起大落,以免将来为了纠错付出更高的额外成本。其次,对于每一类不确定因素,必须组织力量加强研究和预判,要有可行的预案和应对之策,不能"头痛医头脚痛医脚",也不能"平时不烧香急来抱佛脚"。最后,对于每一类不确定因素的性质、产生的背景、由此带来的正负面影响以及演变和调整的路径必须有全面、透彻的认识和理解,要摒弃非此即彼、非黑即白、"没有永远的敌友只有永远的利益"的落后思维模式,要把简单的静态一次性博弈向动态的重复性博弈优化。确保货币政策的连续性、有效性、前瞻性、灵活性、针对性。

第六,货币政策调整必须同时兼顾宏观和微观领域的突发性事件的负面影响。从宏观层面来看,类似俄乌冲突这类对全球都会构成挑战的系统风险,有可能导致全球金融市场的剧烈震荡,也会对外汇市场和汇率稳定构成严峻冲击,俄罗斯卢布大幅贬值、俄罗斯股市交易闭市、俄罗斯银行体系面临挤兑就是明显的例子。就微观层面而言,青山控股集团2022年在期货市场上做空交易不当而损失惨重,对国内金融期货市场、中国战略资源储备以及新兴行业所需的资源供给带来冲击。突发性事件无论是来自宏观层面还是微观层面,都会对货币政策的实施带来致命影响,进而对于货币政策的适当应对提出更高的要求。在这类事件中,中央银行应当充当什么角色?发挥什么作用?货币政策如何相应调整?这些都是我们必须重视的问题。

第七,货币政策的调整必须有效服务于政府工作的具体任务目标。可以说,立足当下、放眼长远,2022年《政府工作报告》为我国货币政策调整的必要性、原则、可行性都指明了方向,里面有许多问题都值得深入研究。总之,对于政府而言,货币政策无论如何调整都必须根据2022年《政府工作报告》精神与时俱进。货币政策与财政政策如何协调、复工复产与疫情防控如何平衡、降息降准与稳汇率如何取舍、金融危机防范与挽救实体经济的矛盾如何化解、稳就业与稳金融如何兼顾、货币政策负责的内部均衡与汇率政策负责的外部平衡如何统筹是必须解决的难题。

(作者系北京大学经济学院副教授)

畅通生产、分配、流通、消费四个环节

王大树　程　哲　塔　娜

李克强总理在2022年《政府工作报告》中对今后工作提出的第五项要求是"坚定实施扩大内需战略,推进区域协调发展和新型城镇化。畅通国民经济循环,打通生产、分配、流通、消费各环节,增强内需对经济增长的拉动力"。

马克思在《〈政治经济学批判〉导言》(*Introduction to Critique of Political Economy*)中对社会再生产的四大环节——生产、分配、流通、消费进行了系统的论述,生产、分配、流通、消费联结着经济循环的全过程,四环节能否紧密衔接、良性循环,在很大程度上决定着内需潜力能否有效释放。

以国内大循环为主体,关键在于循环,大国经济的突出优势是内部可循环。虽然面临着需求收缩、供给冲击、预期转弱三重压力,但我国是世界上数一数二的消费市场,拥有有效的供应链、完整的产业体系、雄厚的技术实力、丰富的劳动力和人才资源,双循环的生产、分配、流通和消费都能以内需为主导,并且通过强大的供给能力支撑并带动外循环。

一、生产

现在,中国是世界第一制造大国,不仅制造业规模居世界首位,还建成了世界上最完整的产业体系,是唯一拥有联合国产业分类目录中全部工业门类的国家,包括41大类、191中类、525小类,几乎在工业各个领域,我国企业都是世界前沿技术和设备的最大用户,在生产端拥有丰富的场景优势。世界500多种主要工业产品中,我国有220多种产量居世界第一。完整的产业链、强大的生产能力为全球资源整合创新提供了重要平台,使规模经济效应和集聚效应最大化。我国大力推进以5G、工业互联网为代表的新型基础设施建设,有利于将生产端的用户场景优势转化为产业链供给侧的数据红利。14亿人口,其中包括9亿多劳动力,1.7亿受过高等教育或拥有专业技能的人才。中国优质的劳动力是其他国家无法比拟的,例如,郑州富士康20万员工中对应的8700名工程师,在中国只需要15天就能招聘齐,而在美国则需要9个月,其他国家花费的时间更多。中国研发规模居世界第二位,大批量、大规模生产可以有效分摊高额的研发费用,使更多的创新在成本上显得可行。

所以,中国以内循环为主体具备现实条件:完善的产业闭环条件——先进的技术+充足的人力+完整的产业体系+完善的供应链+庞大的市场。而那些想替代中国制造的国家,要么劳动力充足却缺乏驾驭先进技术的能力(印度);要么技术领先却人力昂贵(德国)。

二、分配

分配不仅决定积累和消费比例,而且影响消费规模和结构。党的十八大以来,我国不断调整国民收入分配格局,居民收入在分配中的比重稳步提高。2015年,居民收入在国民收入分配的占比为61.6%,比2010年提高3.8个百分点。目前的问题表现在居民之间收入差距过大,低收入人群的消费倾向强,但是可支配收入不高,导致有效需求不足。中国是人类历史上唯一的在中等收入阶段,GDP就在世界上数一数二的国家,意味着收入增长仍有巨大的潜力。只要坚持按劳分配为主体、多种分配方式并存,提高居民收入在国民收入分配中的占比,提高劳动报酬在初次分配中的比重,提高低收入群体的收入水平,扩大中等收入群体,14亿人口巨大的积极性和创造性就会迸发出来。

三、流通

我国交通运输业的成就举世瞩目。综合交通运输体系不断完善,基础设施网络基本形成,铁路和公路纵横交错、四通八达。截至2021年年初,铁路营业里程达到14万千米,其中高铁3.8万千米,超过世界高铁里程的2/3,成为全球唯一高铁成网运行的国家;全国铁路复线率、电气化率分别为59.5%和72.8%。公路总里程520万千米,其中高速公路里程16.1万千米,占公路总里程比重为3.1%;农村公路里程438.2万千米,占公路总里程比重为84.3%。我国已成为具有重大影响力的水运大国,多项数据世界第一。2020年,全国港口货物吞吐量完成145.5亿吨,港口集装箱吞吐量完成2.6亿标箱,均居世界首位。我国的物流体系呈现出专业化、集成化、网络化、国际化和智能化的特征,这为构建双循环的新发展格局奠定了坚实的物流基础。快递配送走在世界前列,2021年快递业务量1083亿件。这为商品和物资流通提供了坚实的硬件基础。流通效率提升,成本逐步下降,2020年我国全社会物流总费用与GDP的比值已经下降到14.7%,比2012年下降了3.3%。

只要加快流通体制改革,打通堵点,连接断点,就能使内循环更加顺畅。要推动产业链供应链优化升级,建设现代流通体系,加快推进城市群和都市圈轨道交通网络化,提高农村和边境地区交通通达深度,加强核心枢纽、主干线路、区域仓储分拨中心、终端配送节点的统筹协调,形成内外连通,安全高效的全国综合立体交通网。

四、消费

中国正在从最大的世界工厂向最大的消费市场发展,2021年社会消费品零售总额440 823亿元。14亿人民就是14亿消费者,2021年我国人均GDP超过8万元,超过世界平均水平。我国已成为全球第二大消费市场,而且最有发展潜力,可以提供国内各产业所需要的各类市场,形成内循环的坚实基础。从拉动经济增长的需求结构来看,2019年消费对经济增长的贡献率达57.8%,2020年尽管受到疫情冲击,但最终消费支出占GDP的比重仍然达到54.3%,高于资本形成总额11.2%,为近年来的最高水平。消费已连续8年超越投资成为牵引增长的第一引擎,符合基本完成工业化后转入消费驱动的内生型增长模式。

总之,形成强大的国内市场是构建新发展格局的基础。市场不仅在"大",关键要"强",也就是说,不仅要有超大的市场规模,而且要具备良好的成长性和创新性。我国在需求侧形成了拥有14亿人口、5亿多中等收入群体的规模最大、扩张潜力巨大的消费市场;在供给侧拥有世界工业门类最齐全、规模最大的工业体系,并且有1.3亿户市场主体和1.7亿多受过高等教育或拥有各类专业技能的人才。

要坚持扩大内需这个战略基点,加快培育完整的内需体系,使生产、分配、流通、消费更多地依托国内市场,更重要的是以高质量供给引领和创造新需求,形成供求相互促进、创新驱动强劲、产业链供应链运转顺畅、与国际市场高效联通的内需市场,从而为双循环提供坚实强韧的市场基础。从现在来看,制约我国经济发展的因素,在供给和需求两侧都有,但矛盾的主要方面在于供给侧。所以,要坚持深化供给侧结构性改革这条主线,把扩大内需战略同供给侧结构性改革有机结合起来,把供给侧结构性改革和需求管理密切结合起来,打通经济循环的瘀点和堵点,接上断点,贯通生产、分配、流通、消费四环节,提升供给体系对国内需求结构的适配性,形成需求牵引供给、供给创造需求的更高水平动态平衡。

(王大树系北京大学经济学院教授、博士生导师;程哲系西安建筑科技大学公共管理学院教授、北京大学经济学院应用经济学博士后;塔娜系北京大学经济学院博士后)

营造公平、开放、透明、法治、有序的竞争环境

王曙光

李克强总理在2022年《政府工作报告》中提出:"加强和创新监管,反垄断和防止资本无序扩张,维护公平竞争""深入推进公平竞争政策实施,加强反垄断和反不正当竞争,维护公平有序的市场环境"。营造公平有序、开放透明的市场竞争环境,是推动我国经济高质量可持续发展的前提。我国的新发展格局要求建立一个稳定而高效的市场竞争环境来支撑,这也是社会主义市场经济体制中最为基本但也是最为艰苦的工作之一。这一工作要求顶层设计者不仅要从传统的计划经济体制的禁锢下摆脱出来从而深刻领悟市场竞争体制对整个经济增长和国民福利提升的意义,而且要求顶层设计者能够清醒而深刻地洞察单纯强调市场资本的自由竞争给经济社会可能带来的消极方面,从而洞察一个完善的市场竞争体制所必须具备的前提条件。

这一市场竞争体制在微观经济主体意义上而言必须是公平的,对于中小微企业和大型企业、对于平台型企业和非平台型企业、对于国有企业和民营企业,都应该是公平的,不存在对任何微观经济主体的歧视性行为;这一竞争体制必须是开放的,所有竞争性领域都要面对所有微观主体开放,要超越所有制限制,促进传统垄断领域进一步扩大开放,吸引民营资本参与市场竞争;这一竞争体制在竞争规则上必须是透明的,在监管体制上必须坚持法治原则,要加强在反不当竞争与反垄断领域的立法和执法;这一竞争体制是有序的,构建社会主义市场经济体制的核心要求和最终目的,是维护市场竞争的良好秩序,一个有效且有序的市场不仅能够保障市场竞争与经济发展的效率,而且能够保障经济增长的公平性、普惠性和合法性,实现"以人民为中心"的增长。

这次《政府工作报告》再次强调了反垄断和防止资本无序扩张的重要性。反垄断将是未来一个较长历史时期的重要任务。党的十九届五中全会将公平竞争制度更加健全作为"十四五"经济社会发展重要目标,要求打破行业垄断和地方保护,形成国民经济良性循环;建设高标准市场体系,健全公平竞争审查机制,加强反垄断执法,提升市场综合监管能力。2020年11月30日,习近平总书记在中央政治局第二十五次集体学习时强调,要统筹做好知识产权保护、反垄断、公平竞争审查等工作,促进创新要素自主有序流动、高效配置。2020年12月11日,中共中央政治局召开会议,要求强化反垄断和防止资本无序扩张。2020年12月16日,中央经济工作会议明确将"强化反垄断和防止资本无序扩张"列为2021年八项重点任务之一,强调反垄断、反不正当竞争是完善社会主义市场经济体制、推动高质量发展的内在要求;要完善平台企业垄断认定、数据收集使用管理、消费者权益保护等方面的法律规范;要加强规制,提升监管能力,坚决反对垄断和不正当竞争行为。需要强调的是,反垄断是针对所有竞争主体建立公平竞争体系,从这些年中国反垄断执法案件来看,其中既包含对国有经济的公平审查,也包含对民营经济的公平审查,可见从执法层面来说已经确立了超越所有制、各类所有制企业一律平等的公正透明法治的基本执法理念。

当然我们的市场竞争体系又必然是开放的。2022年《政府工作报告》回顾了去年我国在市场开放领域取得的成就,"高质量共建'一带一路'稳步推进。推动区域全面经济伙伴关系协定生效实施。货物进出口总额增长21.4%,实际使用外资保持增长",在2021年比较复杂的国际环境中能够有这些成就是难能可贵的。《政府工作报告》中提出未来要"扩大高水平对外开放,推动外贸外资平稳发展。充分利用两个市场两种资源,不断拓展对外经贸合作,以高水平开放促进深层次改革、推动高质量发展"。在构建双循环新发展格局的过程中,中国的大门不会关上,高水平开放必将为中国经济社会发展注入强劲动力。

(作者系北京大学经济学院教授、博士生导师)

落实就业优先政策重在"灵活"①

王　熙

就业是最基本的民生。党的二十大报告就"实施就业优先战略"作出重要部署。为贯彻落实党的二十大精神,立足我国经济长期向好的历史趋势,面对大学生就业压力,高等院校应做好第一责任人,多方发力落实就业优先政策。

国家统计局 2022 年 10 月 24 日发布的失业率数据显示,我国前三季度全国城镇调查失业率平均为 5.6%,其中第三季度平均为 5.4%,相较第二季度下降了 0.4%。9 月青年(16—24 岁)失业率 17.9%,较 8 月下降 0.8%,较 7 月高点下降 2%。可以说,这一数据连续两个月下降透露出积极信号,但当前青年失业率指标依旧保持在历史高位区间,大学生就业问题仍需高度重视。

2022 年,我国大学毕业生人数首次突破千万大关,达到 1 076 万,预计 2023 年毕业生人数将超过 1 100 万,且未来五年内高校毕业生人数不会出现明显下降。大学毕业生群体已成为新增就业主力。此外,据最新人口普查数据,2010—2020 年间,我国服务业吸纳的青年就业人口比重从 45% 上升至 68%,大量青年劳动力从第一、二产业进入互联网、商业服务、房地产、教育卫生等服务业。

一方面,面对复杂严峻的国内外形势和多重超预期因素冲击,我国宏观经济整体保持了企稳回升,但服务行业仍旧复苏缓慢。另一方面,随着前期稳经

---

① 原文发表于《光明日报》2022 年 11 月 15 日第 14 版。

济一揽子政策和接续政策措施落地显效,我国经济恢复发展后劲也会逐步增强,经济基本面依旧长期向好。当前大学生就业市场的压力,是经济的短期波动、复杂多变的环境以及大学生人力资源市场结构性矛盾叠加的结果,一定能在经济长期发展和教育事业持续改革过程中得到妥善解决。

当前劳动力市场结构性供需失衡状况由多方面因素造成。需要说明的是,当前我们所使用的分段年龄失业率指标,不能全面反映当前青年人就业情况。迅猛发展的共享经济、平台经济、网络经济等新业态,迎合并塑造了当代青年个性化职业选择和兴趣驱动的职业追求,造就了一批自主性、个体化强的灵活就业人群。相当一部分年轻人放弃了以往劳动契约的方式,以弹性和灵活就业方式进入劳动力市场,而灵活就业人群在统计数据内往往会被标注为失业人口。这类新业态就业虽能缓解部分高校毕业生的就业压力,但其高流动、不稳定的工作环境,也会导致该群体无法获得稳定的工作经验和学习机会,进而降低他们在劳动市场中的议价能力,导致长期劳动力转化障碍,加速灵活就业市场与契约就业市场的割裂。

"慢就业"也正逐步成为大学毕业生就业常态。"慢就业"常态化进一步增加了大学毕业生就业工作难度。如升学是"慢就业"群体的主要出路,而"慢就业"人数持续增多促使升学难度提高,导致未能成功升学的毕业生错失该届求职关键期,升学和求职希望更加渺茫,最终造成未就业群体逐年扩大。

值得注意的是,在大学生培养方面,我国部分高校存在教育重心错置的问题。在当前教学过程中,部分高校仍以理论知识教学为重心,以传统灌输式教学为主要模式,造成专业理论与实践操作脱节,导致部分大学生"眼高手低"、缺乏实践能力,制约了学生对就业市场的适配能力以及自身职业能力发展。同时,部分高校脱离优势专业办学,盲目追求办学规模,造成师资、配套设施与相应教学实践计划不够成熟,学生专业知识掌握度较弱。然而,用人企业对大学生综合素质的需求却不断提升,不再仅仅关注学生学业情况,还对其实践经验、交际能力和社会适应能力等提出了更高要求。多相叠加,令部分大学生的就业求职遇到重重困难。

一直以来,党中央、国务院高度重视高校毕业生就业工作。大学生就业不仅是高等教育行业为党育人、为国育才的具体抓手,还关系到学生前程、家庭幸福,是办好人民满意的教育的重要指标,更是服务国家战略和区域发展能力的具体体现。笔者认为,高等院校应联合相关职能部门从三方面更好落实就业优先政策:

第一,积极探索"就业＋升学"新模式,建设高校毕业生全国数字化大市场。积极探索"固定期限＋灵活期限条款劳动合同"的方式,缩小本科生与研究生在非研究岗位上的工作性质、待遇差距。通过固定期限保障企业用工稳定性,缩小工资差异,提升岗位竞争力和发展潜力,进而以灵活期限条款给毕业生深造再求职留下空间。同时,推进建设高校毕业生数字化大市场,借助数字平台优势集中整理、甄别高校毕业生个人信息与企业用工信息,拓宽大学毕业生就业渠道,降低当前大学毕业生就业面临的搜寻成本,协助毕业生及时发现职业目标、就业机会,突破就业瓶颈。

第二,以就业导向思维推进高等教育改革。在大学生就业环节,加快出台国家人力资源需求白皮书,从宏观层面建立各类人才需求信息,科学筹划各高校专业设置、招生规模和人才培养方案。切实加强高等院校学生教学培养体系建设,在专硕研究生招生阶段应同样注重学生的社会工作经验,坚持所传所教能为社会所用,将毕业生就业工作与国家重大战略布局和现代产业体系建设需求紧密对接。强化学生职业生涯教育与就业心理指导,增强学生对就业市场的系统性认知,引导毕业生树立正确就业观、减少人才供给和需求端的结构性摩擦。

第三,推进对灵活就业人员的社保覆盖与公共职业培训体系建设,实施中小微企业高校毕业生用工落实政策倾斜。在新业态、新模式蓬勃发展的背景下,公平保障劳动权益,打通灵活就业与固定就业劳动力市场,增加流动性,保障长期人力资本积累,助力就业创业。推进公共职业规划体系建设,多层次、多角度、有针对性地开展职业技能培训,缓解人才短缺的结构性矛盾。对吸纳高校毕业生就业达到一定数量且符合相关条件的中小微企业,落实纾困资金倾斜性安排、税收优惠支持、健全中小企业职业技能等级设置和等级认定机制,充分发挥中小企业吸纳青年就业的作用。

(作者系北京大学经济学院研究员、北京大学首都发展研究院特约研究员)

我国经济韧性强、潜力大、活力足①

董志勇

2022年12月闭幕的中央经济工作会议指出:"我国经济韧性强、潜力大、活力足,各项政策效果持续显现,明年经济运行有望总体回升"。经济韧性强、潜力大、活力足且长期向好,这是我国经济的基本面,也是我国经济发展的显著特征和优势。近年来,在逆全球化潮流涌动、新冠疫情蔓延、地缘政治冲突等接连冲击下,世界经济陷入低迷,而我国经济则表现出超强发展韧性、潜力和广阔回旋余地,实现了质的稳步提升和量的合理增长。我国经济韧性强、潜力大、活力足,主要表现在以下几个方面:

有力有效应对重大突发事件冲击。能否有力有效应对重大突发事件冲击,是衡量一个国家经济韧性的重要方面。2020年年初,面对突如其来的新冠疫情严重冲击,以习近平同志为核心的党中央果断采取有力措施,高效统筹疫情防控和经济社会发展,既最大程度保护了人民的生命安全和身体健康,又推动了我国经济发展取得重要成就。我国GDP在2020年首次突破百万亿元大关,成为全球唯一实现经济正增长的主要经济体;2021年增长到114万亿元,占全球经济比重达到18.5%,世界经济发展"稳定器""动力源"的地位持续巩固。当前,优化疫情防控措施将给经济恢复带来重大积极影响,为经济活力加速释放创造条件。

统筹城乡区域发展空间广阔。改革开放以来,我国经济发展呈现出从沿

---

① 原文刊登于《人民日报》2022年12月30日第9版。

海到内地、从城市到乡村、从东部到西部的梯度发展格局。这既为我国城乡、区域充分利用各自资源禀赋和比较优势、挖掘自身发展潜力、提升发展水平提供了有利条件,也为我国产业有序转移、结构不断优化拓展了广阔空间。近年来,京津冀、长三角、粤港澳大湾区等地区作为高质量发展动力源、改革试验田的重要作用日益凸显。同时,中西部地区经济展现出巨大活力,经济增速连续多年高于东部地区,在推动区域发展协调性不断增强的同时,也为扩大内需、民营企业发展、新型城镇化建设、乡村振兴、国际合作等拓展了更加广阔的空间。

经济发展内生动力充足。在习近平经济思想指引下,我国经济发展的质量和效益明显提升,内生增长动力更加充足,发展韧性不断增强。一是牢牢把握新一轮科技革命和产业变革战略机遇,大力实施创新驱动发展战略,以新产业、新业态、新模式为主导的新动能加速培育,经济增长动力有序转换,经济发展质量变革、效率变革、动力变革步伐不断加快。二是大力实施扩大内需战略,居民购买力水平总体提升,形成了世界第二大消费品市场,内需对经济增长的贡献率不断提升。三是不断深化"放管服"改革,加快推进全国统一大市场建设,市场环境持续改善。截至2022年6月底,全国登记在册市场主体1.61亿户,较2021年年底增长4.4%,经济发展的活力和内生动力不断增强,超大规模市场优势日益显现。

我国经济韧性强、潜力大、活力足,能够有效应对各种风险挑战,具有多方面的深层次原因,主要包括:一是坚持党对经济工作的全面领导,特别是坚持党中央集中统一领导。党的十八大以来,我们党不断健全总揽全局、协调各方的党的领导制度体系,充分发挥党中央集中统一领导的制度优势,持续提升党对经济工作的全面领导能力和水平,始终遵循经济社会发展客观规律推进经济工作,为有力有效应对发展中的各种风险挑战,完整、准确、全面贯彻新发展理念,顺利迈上更高质量、更有效率、更加公平、更可持续、更为安全的发展之路提供了有力政治保证。二是坚持和完善社会主义基本经济制度。制度优势是一个政党、一个国家的最大优势。改革开放以来,我们党团结带领全国各族人民艰苦奋斗,在实践探索中形成了"公有制为主体、多种所有制经济共同发展,按劳分配为主体、多种分配方式并存,社会主义市场经济体制等社会主义基本经济制度"。社会主义基本经济制度既同我国社会主义初级阶段社会生产力发展水平相适应,又能发挥社会主义制度集中力量办大事的显著优势,调动起亿万人民发展经济的积极性、主动性、创造性,形成了集中力量应对各类风险挑战的强大合力,为宏观经济迅速恢复和发展提供了有力支撑。三是坚定站在历史正确的一边、站在人类文明进步的一边,推动构建人类命运共同体。中国发展离不开世界,世界发展也需要中国。党的十八大以来,面对单边主义、保护主义和逆全球化潮流对世界经济造成的严重冲击,以习近平同志为核心的党中央胸怀天下,提出构建人类命运共同体理念,为人类向何处去贡献了中国方案,赢得了广泛国际赞誉和支持,既有力维护了世界经济稳定,又为我国经济持续健康发展营造了有利国际环境。

当前,我国经济运行仍面临不少风险挑战,但经济长期向好的基本面没有改变。我国经济韧性强、潜力大、活力足,存量政策和增量政策叠加发力,资源要素条件可支撑。在以习近平同志为核心的党中央坚强领导下,我们有信心有条件有能力实现经济运行总体回升。

(作者为北京大学党委常委、副校长)

Part 4

产业发展：日新月异，如火如荼

数字经济全球化下我国集成电路产业安全与可持续发展[①]

张　辉　张明哲

集成电路产业已成为数字经济全球化背景下国际政治经济竞争的焦点,世界各国集成电路产业均是以加大"自主可控"为发展战略目标。2020年8月,国务院印发的《新时期促进集成电路产业和软件产业高质量发展的若干政策》为进一步优化集成电路产业发展环境、提升创新能力和发展质量提供了政策保障。"十四五"规划要求,要在事关国家安全和发展全局的基础核心领域瞄准集成电路等一批具有前瞻性、战略性的国家重大科技项目。因此,探讨数字经济全球化下我国集成电路产业如何安全与可持续发展,对我国统筹发展与安全、实现经济高质量发展具有重要意义。

一、全球集成电路产业特征与安全风险

历史上集成电路产业已经历了三次产业中心转移,价值链低附加值环节率先迁移是该产业转移的逻辑。随着技术迅速提升,资本开支快速增加,以制造为代表的集成电路产业迁移路径由美国至日本,再到韩国、中国台湾地区,最后到中国大陆,商业模式由垂直整合到IDM模式(Integrated Device Manufacture,集成器件制造)再到垂直分工,产业结构越来越细化。从价值链视角看,设计、制造、封装测试等领域分别是集成电路全球价值链里高、中、低位的价值环节,产业中心每一次转移均是价值链低增加值的环节率先转移。

[①] 原文发表于《人民论坛·学术前沿》2022年第6期。

产业的三次转移形成了如今全球集成电路产业特征,同时也产生了产业链的安全风险。

第一,集成电路产业具有全球分工明确和高度专业化结构特征。从全球分工来看,集成电路产业链可细分为中游核心产业、上游支撑产业和下游需求产业。其中,中游核心产业链包括芯片设计、晶圆制造、封装、测试四大环节。核心产业链中的芯片设计是知识密集型行业,需要经验丰富的尖端人才,处于价值链高端;晶圆制造是资本加技术密集型行业,通常投资规模巨大,进入门槛很高,处于价值链中端;传统的封装及测试环节是劳动密集型行业,通常更突出行业规模优势的特点,处于价值链低端,而近年来先进封装技术突飞猛进,可进一步提高集成电路的集成度并且降低制造的成本,未来或成为撬动集成电路产业突破摩尔定律极限并继续向前发展的重要杠杆。上游支撑产业链有软件、材料和设备,其中软件包括用于电路设计的集成电路电子自动设计软件(Electronic Design Automation,EDA),通常简称为"EDA 软件";材料包括硅片、光刻胶等;设备包括光刻机、封装设备、检测设备等。下游需求产业链为集成电路的终端应用,包括手机、电脑、通信基站、汽车、传感器等。从专业化看,全球不同区域根据各自比较优势在产业链中发挥不同的作用,对技术的深厚积累和庞大的市场规模优势形成了高度专业化的全球集成电路产业链。美国在技术密集的领域遥遥领先,这得益于全球化,即来自全球客户的收入支持了其高研发和高利润的正向循环。日本、韩国和中国台湾地区等东亚国家和地区在集成电路制造方面处于前沿,这需要政府激励措施所支持的大规模资本支出,以及强大的基础设施和熟练的劳动力。中国在封装和测试领域处于领先地位,封装领域的技术和资本密集度相对较低,但是中国正力争在整个产业链扩张。因此,集成电路产业技术、资金和人才密集的特点决定了其发展必须遵循市场规律且须依靠全球高度专业化分工合作。但是,高度专业化的集成电路产业分工又造成大型企业寡头垄断格局,并使其在某个特定环节拥有垄断性技术,进而对影响产业链安全的关键环节形成强有力的话语权。

第二，集成电路产业在地理空间上呈现产业集聚现象。虽然集成电路产业的高度分工和专业化使得其全球价值链的各个价值环节在全球空间上呈现离散分布格局，但是这些价值环节又具有高度地理集聚特征，因此产业地理分布特征为"整体离散，区域集聚"。在新经济地理学中，产业集聚是指在某个特定产业领域或产业链条上的相关企业、资本、人才、科技等各种资源，在地理上逐渐集中而形成产业集群的现象。集成电路产业自 2020 年以来出现供应短缺现象，集成电路制造业产业集聚现象凸显。目前，全球大约 75% 的集成电路制造业都聚集在中国、日本、韩国等东亚国家，而世界上最先进的 10 纳米以下集成电路制造产能都集中在韩国和中国台湾地区，占比分别为 8% 和 92%。虽然产业聚集效应从整体上促进了集成电路产业发展，但是过高的地理集中度极大可能引发全球集成电路产业安全风险。一方面，由于过高的地理集中度，可能因某些区域疫情、自然灾害等情况导致全球大规模的供应中断。例如，2020 年上半年，新冠疫情全球蔓延，工厂停工停产对全球集成电路产业供给侧造成重大冲击，产业链出现断链的安全风险。另一方面，地缘政治紧张可能导致出口控制，限制某些国家使用关键技术和产品，从而损害全球供应商或客户的准入，甚至影响某些国家的安全与发展。例如，中美贸易摩擦加剧持续给双方的集成电路合作带来很大的不确定性。2019—2020 年，美国政府对华为和其他中国企业实施了一系列出口管制，目前出口控制已涵盖整个集成电路产业链，其中包括 EDA 软件和包含美国开发技术的制造设备等，同时影响了华为从非美国供应商处采购集成电路产品，对国内集成电路产业核心环节的自主可控造成严重影响。

第三，集成电路产业具有"三高一强"的特点。集成电路产业是科技创新的支柱产业，注重技术研发，因技术更新周期短，所以需要不断投入大量研发资金，具有高投入、高技术、高利润、强垄断的特点。目前，世界领先的集成电路企业通常以数额庞大的研发投入取得技术优势，再依靠全球化市场垄断获得高额利润，反哺研发投入。然后，通过专利保护、技术保护等手段持续加高技术和资本壁垒，维持自身强垄断地位。集成电路产业"三高一强"的特点制造了极高的市场准入门槛,规模小的企业难以进入或竞争,只有规模大的企业才能实现巨大投入以满足下游庞大市场对技术更新的需求。无论从技术还是资本的角度看,集成电路产业的后发者实现后发优势均难度较大,产业发展不平衡将加剧。

寡头企业的技术锁定和垄断使得集成电路产业的短期调整弹性严重降低。其中,关于集成电路产业的设备及材料的技术锁定和垄断尤为突出。通常情况下,制造环节的工艺需要依赖设备,而设备在制造工厂需要经过1—2年的验证期。技术锁定使得产业链下游厂商调整应对安全冲击的弹性大幅降低,而集中垄断的格局使得寻找替代方案的难度加大,还需耗费大量时间进行匹配和验证工作。

二、我国集成电路产业现状

第一,我国是全球集成电路产业的最大消费市场。根据美国半导体行业协会(SIA)的数据显示,2020年,我国是全球最大的芯片消费市场,销售额总计1 517亿美元,与2019年相比增长5.0%;美国集成电路企业在我国的市场占有率近50%,中国市场是其主要收入来源。因此,我国要充分发挥巨大消费市场的优势,牢牢把握扩大内需这一战略基点。

第二,我国集成电路产业供给侧和需求侧结构失衡。首先,我国集成电路产品对外依赖度极高,据海关总署数据,2020年,我国集成电路进口金额超过2.26万亿元,同比增长14.6%。其次,我国半导体产业核心技术仍存在较多"卡脖子"环节,产业链自主可控存在安全隐患。集成电路国产化率低,国内集成电路企业大部分集中在非先进制造、封装、测试和低端芯片等利润较低的领域,材料、EDA软件、设备和高端芯片等产业上游或者高利润产品严重依赖进口且核心技术受制于人。

第三,我国集成电路产业自主研发能力亟须加强。首先,过去多年来我国对基础学科的重视不足。基础科学研究是科技创新的基石,集成电路产业需要微电子、物理、化学、数学、信息通信、光学、材料科学等多学科协同发展。长期以来我国集成电路产业基础学科薄弱,在技术上缺乏原始创新,导致产业链的关键环节严重受制于人。其次,我国研发投入严重不足。根据美国半导体协会数据,2019年,美国集成电路产研发支出总额为398亿美元,在1999—2019年的20年间,其产研发支出保持了6.6%的年复合增速,美国集成电路产业研发支出在市场周期变化中持续走高,一定程度上说明了研发投入对集成电路生产的重要性。在2019年全球集成电路研发投入前十大企业中,英特尔的研发支出远高于其他企业,位居榜首,高达134亿美元,占前十大企业总支出的31%,而中国唯一上榜的华为海思研发投入仅为英特尔的18%。

第四,我国集成电路产业人才短缺。集成电路产业不仅需要优秀的研发人才,也需要高素质的技术工人。目前我国集成电路人才严重短缺,制约产业的可持续发展。2020年,我国集成电路人才缺口超过40万人。一方面,我国集成电路专业的毕业生每年不足3万人,难以满足产业需求,而且人才流向美欧企业的现象严重;另一方面,美欧严格限制中资并购美欧半导体企业,人才交流渠道受限。此外,为了防止技术泄露,美欧严格控制我国从海外引进人才,中国籍员工也几乎难以就职于美欧集成电路企业核心层。

三、我国集成电路产业安全可持续发展路径

在数字经济全球化发展的大潮下,为在新一轮科技革命中取得竞争优势,必须统筹考虑全球集成电路产业安全风险和我国自身存在的不足,以应对威胁产业链安全的极端情形。

第一,引进高端人才是集成电路产业安全可持续发展的重中之重。数字经济是一个高度知识密集的经济形态,集成电路产业是典型的人才密集型产业。人才是集成电路企业的生存和发展根基,市场竞争的核心是人才竞争,而高端人才是企业做大做强的核心。我们应从以下几点突破:首先,凝聚世界级人才,吸引海外人才回国创业,招募具备国际视野和全局性眼光的行业领军人才。其次,建立人才培养的长效机制,以与国际相匹配的高薪留住人才,并对

在基础研究领域探索创新的科研人员提供长期资金支持,保障其薪资待遇和研究经费,不以短期回报为目标。最后,大力支持我国新设立的集成电路科学与工程一级学科建设,提高我国高校和科研院所集成电路专业人才的培养数量。

第二,发挥新型举国体制优势,突破基础科学研究瓶颈。通过对全球集成电路产业转移的研究发现,美欧、日韩等国家和地区在发展集成电路产业上均实施了国家级产业规划和政策。核心技术攻关需要国家扶持。集成电路产业涉及安全的关键节点均在需要长期技术积累的领域,可通过"市场换技术"或者跟随战略不断学习以实现突破。我国应充分发挥举国体制,制订集成电路产业中长期发展规划,建设一批集成电路科技创新中心,聚焦基础领域的"卡脖子"环节予以重点攻破。与此同时,地方政府应分析产业特征、尊重产业规律,避免盲目投资和低水平重复建设。

第三,尊重全球集成电路产业发展规律和产业特征,积极维护产业全球化发展。集成电路产业具有全球分工明确和高度专业化的产业特征,没有哪个国家能单独实现完全的国产化,即使强如美国也只参与了产业链的小部分环节。中国、美国、欧洲、日本、韩国等国家和地区各自占据了产业链不可或缺的部分。未来我国集成电路产业实现供应链安全可控,可在部分关键领域实现去美国化,通过深化第三方市场合作,加大与欧洲、日本的设备和材料企业,以及与韩国等制造企业之间的合作力度。此外,中国应充分释放国内大循环的巨大需求,吸引全世界资源要素,形成"你中有我,我中有你"的战略相持格局。美国的集成电路设计、EDA软件、先进设备等科技领先领域都需依赖庞大的中国市场以支撑其巨大投资、研发和生态发展。中国本土的集成电路企业尽管受到外部环境压力,但自主发展的道路不会因为外部打压而改变。

第四,在集成电路制造业的成熟工艺率先实现全链路国产替代。由于集成电路产业地理集中度高,供给侧问题预计将是未来全球产业发展的中长期困扰。制造业可从广义上分为先进工艺和成熟工艺。集成电路先进工艺的产品通常用于5G手机、高级计算、人工智能等高端领域,而成熟工艺的产品应用范围更广,包括数字基础设施、通信基站、物联网、电动汽车、轨道交通、光伏、家电、LED、LCD面板等诸多领域。目前,全球供给侧吃紧的是集成电路成熟工艺产品。集成电路制造企业并不是最底层、最核心的技术生产者,而是设备材料、制造工艺的集成商。设备才是制造的起点,若没有设备的生产能力,设计和制造就是无根之木。目前,我国已拥有制造业成熟工艺技术,主要矛盾转化为缺少国产设备和材料。因此,当务之急是在由美系厂商把控的成熟工艺相关材料、设备、EDA软件等领域做好全链路的国产替代。

(张辉系北京大学经济学院副院长、教授;张明哲系北京大学经济学院博士生)

参 考 文 献

[1] SEMICONDUCTOR INDUSTRY ASSOCIATION. 2022 SIA Factbook[EB/OL].(2022-05)[2023-11-08]. https://www.semiconductors.org/wp-content/uploads/2022/05/SIA-2022-Factbook_May-2022.pdf.

[2] 辜胜阻,吴华君,吴沁沁,等.创新驱动与核心技术突破是高质量发展的基石[J].中国软科学,2018,(10):9-18.

[3] 吴晓波,张馨月,沈华杰.商业模式创新视角下我国半导体产业"突围"之路[J].管理世界,2021,37(03):123-136.

[4] 曾繁华,吴静.自主可控视角下中国半导体产业链风险及对策研究[J].科学管理研究,2021,39(01):63-68.

[5] 张辉.全球价值链理论与我国产业发展研究[J].中国工业经济,2004,(05):38-46.

[6] 张辉,石琳.数字经济:新时代的新动力[J].北京交通大学学报(社会科学版),2019,18(02):10-22.

[7] 张辉,张明哲.数字经济何以助力"双循环"新发展格局[J].人民论坛,2021,(23):69-71.

[8] 张晓兰,黄伟熔.半导体产业优势国家和地区资金支持的经验及启示[J].经济纵横,2020,(08):86-92.

优化财政政策,应对数字化转型的分配效应

袁 诚

2022年《政府工作报告》对数字经济以及数字化转型作了重要的发展方向阐述。报告指出:"促进数字经济发展。加强数字中国建设整体布局。建设数字信息基础设施,逐步构建全国一体化大数据中心体系,推进5G规模化应用,促进产业数字化转型,发展智慧城市、数字乡村。加快发展工业互联网,培育壮大集成电路、人工智能等数字产业,提升关键软硬件技术创新和供给能力。完善数字经济治理,培育数据要素市场,释放数据要素潜力,提高应用能力,更好赋能经济发展、丰富人民生活。"这表明,完成数字化转型,实现人工智能在生产、消费、社会治理等各个场景的全面赋能与应用,是未来至少十年我国重要的战略目标。

由大数据、云计算、物联网、区块链、人工智能、5G通信等新兴技术所引导的自动化以及数据交换的广泛应用,被称为第四次工业革命。与前三次工业革命一样,第四次工业革命正在带来社会分工、要素配置和收入分配格局的剧烈和巨大改变。在这个过程中,国家的产业政策、收入政策以及财政政策需要对数字经济的分配效应进行积极的预判和应对。

首先,由于数据要素占有权的高度不均衡、人工智能规模报酬递增、数字经济网络外部性等因素,使得数字经济的发展进程更加容易出现市场垄断。拥有数据和算法优势的企业更加容易获得市场力,对消费者、同业竞争者、上下游企业制定更加灵活和精准的市场战略,从而获取垄断利润,并导致资本加速集中,加剧行业、地区收入差距的扩大。

其次，人工智能和工业机器人在生产、服务领域的大量使用，是数字化转型的必然结果，它不仅带来生产效率的极大提高，也同时给大量被替代的人工岗位带来了失业风险。特别是在数字化转型时期，人工智能所创造的工作机会不能在短时期超过它所取代的工作岗位。常规的人工手动、低认知、低技能的低薪工作最有可能被人工智能和自动化取代，非常规的高认知、高技能、高薪人才得到更多的工作机会。不同技能的劳动者在劳动市场中工资待遇差距加大，收入不平等程度与机会不平等有可能对个人和家庭带来巨大的冲击。

最后，在人工智能技术不断扩散和全面部署中，资本的扩张如果没有受到任何约束，它相对于劳动者的地位将变得越发强势，劳资关系将有可能越发不平等。这一点在平台经济的发展中已经显露端倪。以实现效率和利润为目标的算法改变了劳动者的就业模式，工作变动更加频繁，稳定性更差，自营职业和合同工大量增加，劳动者的权益保障和组织保护越来越弱。如果数字经济的数字红利严重偏向资本一方，数字化转型过程中将面临不可忽视的社会成本。

在数字化转型面临的上述挑战下，我们从以下几个方面对财政政策提出建议：

第一，对于不同规模和类型的企业采用有区别的税收政策。对于中小企业，可以考虑实行税收优惠政策，鼓励它们采用工业机器人或研发新的人工智能技术，激发中小企业的创新活力，并保护人工智能创新方向的多样性，增强中小企业对大企业的竞争力。同时考虑对大型龙头企业征收"机器人税"，削弱其行业的垄断地位，避免资本对人工智能发展方向的绝对控制。

第二，设立针对数字化转型造成结构性失业的专项教育基金，用于支持技能工人的培训，以使他们更快掌握新的工作岗位所需的技能，并进行职业调整。借助大数据及时更新就业数据，追踪需要进行技能培训的岗位，线上与线下培训模式相结合，尽快满足待业人员的学习需求和企业的用工需求。专项教育基金的收入来源可以是企业利润，也可以是来自高收入自雇者的所得税。

第三，完善更加精准和精细的社会保障体系设计，加强对数字化转型时期的劳动者权益保护。灵活就业、平台就业很可能是人工智能时代劳动者就业的常态,由复杂算法与信息系统进行工作任务分配和劳动薪酬支付,既弱化了劳动者对固定单位的组织联系,也弱化了政府对于劳资关系的监管。同时,已有的社会保障收益与成本的核算方式受到挑战,数字化转型中劳动者的权益保护问题需要更有针对性的转移支付、社会保险新政策。

第四,基于数字化转型对收入差距造成的影响,有必要对现有税收体系进行精细化设计和调整。个人所得税方面,应当注意累进税率尤其是高收入群体的税率设计,使所得税既能发挥好调节收入分配的功能,又不抑制生产积极性。财产税方面,在做好试点的基础上,积极稳妥推进房地产税、遗产税的立法和改革。税收征管方面,继续打击高收入者尤其是网络直播行业从业者偷税漏税现象,切实提高税法遵从度。营造兼具公平与效率的社会制度环境。

(作者系北京大学经济学院长聘副教授、博士生导师)

破解现代化经济体系建设梗阻，奠定高质量发展雄厚基础

张 辉

国家强,经济体系必须强。在现代化进程中,经济现代化作为其先导与动力,为政治、文化、社会、生态文明等其他领域的现代化建设提供经济基础和物质保障。习近平总书记明确指出,"建设现代化经济体系是我国发展的战略目标,也是转变经济发展方式、优化经济结构、转换经济增长动力的迫切要求",并从七个方面全面论述了建设什么样的现代化经济体系。建设现代化经济体系既是一个系统的现实工程,更是一个重大的理论命题,深入学习领会习近平总书记重要讲话精神,有利于在构建现代化经济体系中廓清重点、突破梗阻、有效施策。

一、创新引领、协同发展的产业体系

构建创新引领、协同发展的产业体系是现代化经济体系建设的核心内容之一。当前,我国制造业增加值位居世界第一,形成了全球门类最齐全的工业体系。面临百年未有之大变局,国内经济发展的新阶段与新特征叠加全球经贸形势的新变化与新挑战,构建"双循环"新发展格局,实现经济高质量发展的关键在于"以我为主"地实现经济循环流转和产业关联畅通,矛盾的核心在于产业层面供给侧的结构性失衡。其中,生产体系创新能力的不足和产业结构的失衡是背后深层次原因。

针对以上问题,第一,要明确技术创新是有效解决结构性失衡的核心手段,要以提高企业自主创新能力和促进产业结构高级化、合理化为目标,在供

给端进一步鼓励现代产业特别是人工智能、现代医药、高端装备制造等高精尖行业的发展,持续推行有效市场和有为政府融合协调的产业政策,充分激发各部门自主创新积极性,强化传统和新兴产业之间的融合发展,有力支撑新旧动能转换,熨平经济波动性。第二,坚持深化改革,积极破除阻碍资源要素流动和配置的制度梗阻和区域壁垒,建立健全要素市场的运行和调节机制,降低企业交易成本,畅通各产业的生产供应体系;要继续深化科技体制改革,激活技术创新生态系统,优化创新鼓励政策,突出激励自主创新,提高创新质量,同时改革专利审批制度,激发企业对以发明专利为主的关键核心技术创新和颠覆式原始创新的重视和实现。第三,注重实施产业空间区域发展的动态平衡战略。提高中心城市和城市群经济发展区的综合承载能力和资源优化配置能力,破除资源流动的体制机制障碍,依托各地的禀赋优势,形成纵向有序的产业链条,强化中心城市对周边区域发展的带动能力,打造新的创新增长极,使之成为新发展格局下连接国内、国际循环的重要平台和关键点,并最终实现新发展格局下我国经济未来发展的全面现代化。

二、统一开放、竞争有序的市场体系

"统一开放、竞争有序的市场体系"是建设现代化经济体系的规则要求。近年来,随着我国全国城镇居民人均可支配收入不断提高,强大的内需市场初具规模,构建统一大市场向好发展。

近年来,我国数字经济规模实现井喷式增长,2020年达到39.2万亿元。数字经济一方面打破了传统经济发展的空间束缚,加速了国内大市场的统一,但另一方面也使得技术、资源和数据等市场要素向"头部平台"集中,新兴的垄断方式、完全的价格歧视以及资本的无序扩张成为数字经济背景下建设统一开放、竞争有序的市场体系的主要梗阻。

面对新业态、新模式催生的新问题,一是要从制度入手,强化政策引导,坚持反垄断政策的有效实施,设置政策"红绿灯",在建立健全市场准入制度的同时,规范市场公平,合理管控资本在市场中的流动和分配。二是要加强监管力度,充分利用数字经济的先天性优势打造"政府—市场"互动平台,强化制度和政策的宣传工作,提高企业公平竞争意识。三是要完善反"平台垄断"和不正当竞争的体制机制,充实反垄断的监管理论,建立全方位、网络化、串并联共同布局的市场监管体系,实现市场中的全链条、全领域监管。

三、体现效率、促进公平的收入分配体系

收入分配体系是现代化经济体系的重要激励机制。提高收入分配制度科学性和合理性的关键在于处理好公平与效率的关系。近年来,我国整体上收入分配呈现出向好态势,但也要承认,我国现阶段收入分配体系仍存在问题:初次分配中,生产端处于技术加速积累、数字化转型阶段,须保证技术型人才的报酬逐步提高以提供创新激励,从而带来劳动者内部收入差距不断扩大,为实现共同富裕带来挑战;再分配中,目前财税政策在整体上对收入分配调节效果相对不足,为实现共同富裕加重了难度;三次分配上,目前短期内尚未形成良好的社会氛围,三次分配规模和效果还较小,难以为共同富裕提供坚实保障。同时,近些年来呈现出代际流动性下降的趋势,物质资本、人力资本、社会资本逐步集中化,长远来看将影响实现共同富裕的进程。

对此,必须坚定生产的决定性地位,加快技术转型,实现关键领域关键技术自主化,保障经济发展效率,为共同富裕提供底层动力支撑。短期内,改善我国的再分配政策,调节调整税制结构,逐步增加财产税、遗产税、资本收入税等税种,打破医疗、社保的区域、城乡壁垒,为中低收入人群的共同富裕"兜底";长期内,提高人均教育投资额,优化教育资源结构,将我国人口红利逐步转变成为人才红利,提倡三次分配,营造携手共进的社会氛围,促进财富的横向内部转移,从而在代际实现纵向公平,为共同富裕提供长期保障。

四、彰显优势、协调联动的城乡区域发展体系

建设彰显优势、协调联动的城乡区域发展体系是建设现代化经济体系的重要组成部分。党的十八大以来,城乡区域发展的平衡性、协调性和优势互补

性持续增强。这十年来,我国城镇棚户区改造惠及9000多万居民,老旧小区改造惠及2000多万户,1.8亿左右的农村人口进城成为城镇的常住人口,我国的城镇化率由53.1%上升到了64.7%,城乡和区域收入差距都在逐步缩小,基本公共服务均等化扎实推进。但我国城乡区域发展体系仍存在如下问题:宏观层面的人口老龄化与总规模下降冲击;中观层面的趋势收敛协调发展的动力不足困境;微观层面的多尺度空间单元发展路径雷同安全保障不受制约,等等。

由此,要坚持"厘清功能定位、明晰特色优势、把准方向航道"思路,从以下三方面着手寻找应对策略:一是要尊重多尺度空间互动发展的基本规律,建立多种类、多功能、多目标的空间单元发展体系,厘清县域、城市、都市圈、城市群等空间单元在农业保供、能源保稳、边疆保安、生态向好、科技向上、经济向前的差异化功能定位。二是要确立"定位+优势"与"功能+特色"的发展动力指南,明晰各空间单元在不同尺度下的定位及其优势,立足自身特色,发挥不同面向的功能,组成特色化功能集成体系,支撑空间单元互动协调。三是要尽早规划面向人口老龄化和人口规模达峰后的总体战略,前瞻性研判人口规模的变动时间表、人口集散的流动趋势与年龄结构的代际影响,做好相应的重大基础设施、公共服务保障举措与长远战略规划的衔接匹配。

五、资源节约、环境友好的绿色发展体系

建立资源节约、环境友好的绿色发展体系,是推动我国经济社会绿色转型与建设美丽中国的迫切需求和重大任务,对于建设现代化经济体系、实现高质量发展目标和迈向社会主义现代化强国,具有重大的现实意义和深远的时代影响。党的十八大以来,我国生态环境状况实现了历史性转折,植树造林占全球人工造林的1/4左右,单位GDP的碳排放量累计下降34%,风电、光伏发电等绿色电力的装机容量和新能源汽车产销量都居世界第一。当然不容忽视的是,资源节约、环境友好的绿色发展体系面临碳达峰碳中和战略取向的进度约束、工业化中后期发展阶段的现实诉求与存量污染大、生态欠账多的历史包袱

等三重挑战。现代化的绿色发展体系,作为生产力发展的基础条件,旨在调整解决生产力发展与资源环境的和谐关系问题,遵循践行"绿水青山就是金山银山"的理念,核心是人与自然的和谐共生。

因此,一是尽快完善实现"双碳"目标的"1+N"政策体系,全面分析和综合研判碳达峰碳中和目标对社会经济的全方位影响,坚持两个阶段两种策略,兼顾地区生态不平衡性和经济发展水平的差异性,把长期战略处理为周期化策略,稳扎稳打推进。二是以产业绿色化为核心推进生产活动绿色循环低碳发展,在发展中破解发展难题,一方面以新技术革命和产业变革为依托,激发新兴产业增长,降低产业发展对环境的影响;另一方面坚持以供给侧结构性改革为主线,加快三次产业的绿色化、信息化和数智化转型,降低其对环境的不利影响。三是保护与修复并重推进,"历史欠账"步步还清,不搞一蹴而就、超越阶段、大干快上的运动式生态保护与环境修复,一方面要建立健全形式多样、绩效导向的多元化、市场化生态保护补偿机制;另一方面要尽快建立生态产品价值实现机制,引导个人、企业、社会等多方力量积极参与到生态环境保护与修复中来,为绿色发展奠定扎实基础。

六、多元平衡、安全高效的全面开放体系

打造多元平衡、安全高效的全面开放体系是当前国际政治经济形势进入深刻调整期叠加我国经济增长动能结构性转变下的必然选择。改革开放以来,特别是在"一带一路"倡议扎实推进的进程中,我国对外开放取得了巨大成就,全球价值链位势稳步提升,无论是全球经济还是"一带一路"沿线都逐渐形成了以我国为枢纽的全球价值"双环流"体系。然而,不得不引起重视的是,我国虽然在进出口贸易上保持着强大的规模优势,但近年来进出口贸易对于我国经济增长的拉动效应日趋减弱。与此同时,过往简易加工出口模式下导致的我国产业分工链条过于依赖国际需求,也在极大程度上影响了当前本土产业链的创新升级过程,为新时代下我国产业链供应链的安全发展带来了重大风险。

面临如上制约,新时代下要打造多元平衡、安全高效的全面开放体系,需从以下几方面入手:第一,坚持构建人类命运共同体理念,以"一带一路"建设为全面开放体系下的重要战略抓手,坚持推进对发达经济体和发展中经济体同时开放的高水平全方位开放,推动沿海和内陆地区对全球市场的联动开放,以不断深化的开放促进我国经济领域的进一步改革。第二,坚持更高水平的"引进来"和"走出去"相结合的全面开放,注重引进外资的质量,全面推广负面清单管理和准入前国民待遇制度,应继续坚持降低市场准入门槛,重点推进医疗、教育、金融等服务业领域的有序开放,同时积极鼓励国内优秀的本土企业拓展国际市场,在国际竞争中不断提升自身能力,形成全面开放体系下我国经济增长的新动力和新优势。第三,在开放的同时,要坚持安全高效的基本原则,要注重新时代我国产业在全球分工体系中的升级,打造以创新引领的价值链革新,积极培育全面开放体系下的新业态和新动力。同时,在产业发展上,既要坚持内外资企业一视同仁的政策原则,又要积极施行国际通行的安全审查和反垄断手段,维护市场本土企业和外资企业的公平竞争,构建全面开放体系下有序的市场环境。

七、充分发挥市场作用、更好发挥政府作用的经济体制

市场与政府的关系是经济发展长盛不衰的研究命题,充分发挥市场作用、更好发挥政府作用的经济体制是建设现代化经济体系的制度基础。改革开放以来,政府与市场关系的变迁带来了可喜成果,不仅逐步确立并坚持了企业的市场主体地位,而且实现了社会主义和市场经济的融合与创新,使坚持社会主义市场经济方向成为经济体制改革的基本原则。目前,充分发挥市场作用、更好发挥政府作用的经济体制面临的主要梗阻在于,市场与政府的边界仍然不够清晰,现代产权制度仍待健全,对国有企业在经济发展中的重要地位也需重新审视。

针对这些梗阻,一是要强调市场的调节作用,在数字经济全面渗透到各行各业的背景下,导致"市场失灵"的信息不对称问题得到高度缓解,市场这只

"看不见"的手变得更加有效,因此要持续坚持市场化、法治化原则,充分发挥市场在资源配置中的决定性作用;二是要突出政府的引导能力,积极引导市场竞争公平,完善保护产权的制度体系,充分激发各类市场主体的活力;三是坚持"两个毫不动摇",在鼓励"专精特新"激发市场活力的同时,保证国有经济与民营经济的良性互动和国有经济在关键领域的核心地位,利用国有企业与政府联系紧密的天然优势,充分调动国有企业创新积极性,特别是要引导国有企业对具有强知识溢出效应的基础性、颠覆式原始创新的投入和研发,强化国有企业在国家创新系统中的领头羊地位。

(作者系北京大学经济学院副院长、教授)

构建要素高效配置的统一畅通的国内市场格局

王曙光

李克强总理在2022年《政府工作报告》中提出"抓好要素市场化配置综合改革试点,加快建设全国统一大市场""加强市场体系基础制度建设,推进要素市场化配置等改革"。通过要素市场化改革来构建国内统一、高效、畅通的市场体系,是我国加快构建"双循环"格局的应有之义,也是我国打破区域和行业壁垒、实现要素自由配置和经济可持续发展的体制基础。

2020年8月24日,习近平总书记在《在经济社会领域专家座谈会上的讲话》中指出:"以畅通国民经济循环为主构建新发展格局。……要推动形成以国内大循环为主体、国内国际双循环相互促进的新发展格局。这个新发展格局是根据我国发展阶段、环境、条件变化提出来的,是重塑我国国际合作和竞争新优势的战略抉择。"在这一重要表述中,"畅通"是一个非常关键的概念。"畅通"要求降低微观主体(企业和居民)的交易成本,提高要素配置效率,促进要素在更大范围内的有效合理配置。而实现"畅通"的关键途径,是实现要素市场化,突破要素流动的行业壁垒、地域壁垒,降低要素流动的成本。

2020年4月9日国务院发布了《关于构建更加完善的要素市场化配置体制机制的意见》,其中提到了深化户籍改革、建立土地跨区域交易机制以及推进资本要素配置市场化等措施。要素配置市场化改革的目标是畅通资本、劳动、技术、土地等生产要素在区域之间、产业之间以及产业内部的充分流动,降低要素流动成本,消除流动壁垒。为此,必须有序引导和促进产业转移,尤其是促进东部产业向西部地区的转移;同时,通过户籍制度改革、金融体制改革、产权交易体制改革、反行业垄断等制度措施,打破要素流动的区域壁垒和行业壁垒,畅通国内要素循环,打造统一、有效的国内市场,这是构建新发展格局的基础性工作和关键所在。

目前,我国在畅通国内循环方面还存在很多体制性的、政策性的障碍,这些障碍极大地提高了要素流动的成本,这对于我国的长远经济发展是十分不利的。如在户籍制度方面对人口流动的限制,极大地妨碍了人力资本在城乡之间、在不同区域之间的合理有效配置,当前各地方政府在引进人才过程中实施的各种创新型制度安排,对传统户籍管理体制提出了强烈的变革需求。未来户籍管理体制改革的最终目标,是实现城乡之间人力资本的双向流动和不同地域之间人力资本的自由流动,从而为畅通国内大循环提供强大人才支持。

再如在金融(资本)要素方面,我国多层次资本市场和多层次银行业市场为资本要素的流动提供了积极的支撑,然而资本市场的主要聚集地域在沪深等东南沿海地区,同时银行业市场在我国不同地域的市场化程度和信贷可及性亦有着极大的差异,中西部地区银行业市场发展明显滞后。2021年9月2日,习近平总书记在2021年中国国际服务贸易交易会全球服务贸易峰会上提出"我们将继续支持中小企业创新发展,深化新三板改革,设立北京证券交易所,打造服务创新型中小企业主阵地"。2022年《政府工作报告》中也特别提出加强北京证券交易所建设。北京证券交易所的成立,不仅使众多"专精特新"中小企业获得了空前的发展机遇,从而与沪深资本市场形成差异化的制度安排,而且在地域上对北方地区中小企业发展和资本集聚形成更广泛的辐射效应,有利于金融资本要素克服地域壁垒和产业壁垒而实现更优化的配置。

除人力资本和金融资本要素之外,土地也是重要的市场要素。笔者在福建沙县考察过当地的农村产权交易所,这些地域性土地产权交易(土地流转)机制对农村土地要素的合理配置、农业产业转型、农民工合理流动,产生了积极的影响,这样的农村产权交易所应该在总结经验的基础上进一步在全国推广。

数据也是我国现代化经济体系中的重要要素之一。2022年《政府工作报告》中提出:"加强数字中国建设整体布局。建设数字信息基础设施,逐步构建全国一体化大数据中心体系,推进5G规模化应用,促进产业数字化转型,发展智慧城市、数字乡村。加快发展工业互联网,培育壮大集成电路、人工智能等数字产业,提升关键软硬件技术创新和供给能力。完善数字经济治理,培育数据要素市场,释放数据要素潜力,提高应用能力,更好赋能经济发展、丰富人民生活。"创建高效的数据交易平台,完善数据交易的相关法律法规,将极大地推动我国经济向数字化、智能化迈进。

总之,通过户籍制度改革、资本市场创新、土地和数据等要素产权交易市场构建,进一步深化我国要素市场化改革,使劳动力、资本、土地、知识和数据等要素的自由合理配置,从而构建统一畅通的国内市场格局,是我国经济可持续、高质量发展的重要保障。

(作者系北京大学经济学院教授、博士生导师)

以技术创新和制度创新提供增长新动能

王曙光

李克强总理在 2022 年《政府工作报告》回顾了过去一年我国在科技创新方面的重要进展:"创新能力进一步增强。国家战略科技力量加快壮大。关键核心技术攻关取得重要进展,载人航天、火星探测、资源勘探、能源工程等领域实现新突破。企业研发经费增长 15.5%。数字技术与实体经济加速融合。"在复杂多变的国内外环境下取得这样的成就,是令人振奋的。《政府工作报告》中提出未来要"加快构建新发展格局,全面深化改革开放,坚持创新驱动发展,推动高质量发展""深入实施创新驱动发展战略,巩固壮大实体经济根基。推进科技创新,促进产业优化升级,突破供给约束堵点,依靠创新提高发展质量"。

以系统性的技术创新和制度创新为我国可持续高质量发展提供新动能,是我国在新时期面临国际技术封锁和国内增长模式转型而做出的唯一战略选择。技术创新不仅意味着科学技术层面的原创性的发现与变革,而且意味着必须有相应的制度安排以便为技术创新提供必要的环境与条件,因此技术创新与制度创新是相辅相成的,只强调技术创新而没有相应的制度支撑,技术创新也是不可能实现的。为实现技术上的战略自主,中国必须建立科技创新的新型举国体制,这一新型举国体制的精髓就是,既要充分发挥国家(政府)在科技创新规划、科技研发经费投入和配置以及科技创新要素协调组织方面的独特优势,又要充分发挥市场机制在创新激励和资源配置方面的有效作用;既能集中关键核心科技力量进行高端技术和"卡脖子"技术的攻关(集中力量办大事),又能在常规性的科技进步和科技创新中建立一整套的市场化的激励机制和评价机制,以充分调动科技人员的积极性;既要发挥政府在直接调配科技战略资源方面的作用,更要注重发挥大学和企业在科技创新中的巨大作用,使大学和企业在市场的激励和政府的支持下成为科技创新的主力军,从而构建起一个"政府—大学—企业"协同联动创新体制。2022年《政府工作报告》中提出"加强国家实验室建设,推进重大科技项目实施。改革完善中央财政科研经费管理,提高间接费用比例,扩大科研自主权""发挥好高校和科研院所作用,改进重大科技项目立项和管理方式,深化科技评价激励制度改革。支持各地加大科技投入,开展各具特色的区域创新""加大企业创新激励力度。强化企业创新主体地位,持续推进关键核心技术攻关,深化产学研用结合",这些举措从科研管理、科研院所改革、区域创新、企业创新等方面,建立了一个综合的立体化的创新激励体系。

技术创新的核心是人才培养体系和人才激励机制。2021年9月中央人才工作会议提出:到2025年,全社会研发经费投入大幅增长,科技创新主力军队伍建设取得重要进展,顶尖科学家集聚水平明显提高,人才自主培养能力不断增强,在关键核心技术领域拥有一大批战略科技人才、一流科技领军人才和创新团队;到2030年,适应高质量发展的人才制度体系基本形成,创新人才自主培养能力显著提升,对世界优秀人才的吸引力明显增强,在主要科技领域有一批领跑者,在新兴前沿交叉领域有一批开拓者;到2035年,形成我国在诸多领域人才竞争比较优势,国家战略科技力量和高水平人才队伍位居世界前列。要达成这一目标,除了政府的科研财政投入,要重在机制创新,中央提出要完善人才评价体系,加快建立以创新价值、能力、贡献为导向的人才评价体系,形成并实施有利于科技人才潜心研究和创新的评价体系,同时要调动好高校和企业的积极性,实现产学研深度融合。2022年《政府工作报告》提出:"加快建设世界重要人才中心和创新高地,完善人才发展体制机制,弘扬科学家精神,加大对青年科研人员支持力度,让各类人才潜心钻研、尽展其能。"这是推动我国科技创新的根本举措。

要为未来经济增长提供新动能,还要进行深刻的制度创新。这就要求整个国家必须遵循"改革永远在路上"的理念不断深化体制机制改革、以持久改革的精神继续释放"改革红利",在建立服务型政府实现国家治理现代化方面进行系统的制度创新,同时在企业制度层面(以混合所有制改革推动国有企业体制机制转型并建立国有企业和民营企业共赢的体制机制)、产业转型层面(以工业互联网和工业4.0为目标实现整个产业层面的升级改造)都要进行相应的制度创新。要通过深刻的体制机制创新,打破一切阻碍高质量发展和企业创新的体制机制藩篱,为未来的发展新格局提供强大而持久的新动能。

(作者系北京大学经济学院教授、博士生导师)

Part 5

民生建设：厚生利用，国泰民安

提升全民健康素养,服务健康中国战略

秦雪征

全民健康是促进人的全面发展的必然要求,是经济社会发展的基础条件,是民族昌盛和国家富强的重要标志,也是广大人民群众的共同追求。在2022年《政府工作报告》中,李克强总理对过去一年中央政府在管控新冠疫情、改革医疗保障体系、维护人民生命安全和身体健康方面的成就进行了回顾,并对2022年继续推进健康中国行动、保障改善民生等工作进行了展望。实现健康中国的战略目标,应坚持预防为主,明确预防保健在全民健康水平提升中的重要地位,这对国民健康素养的提升提出了更高的要求。

健康素养作为人力资本的重要组成部分,包含了与健康有关的认知和非认知能力。健康素养的提高不仅能够显著改善个人的健康状况,而且能使周围人群和整个社会的健康效益得到提升,具有正向的溢出效应。因此从长期来看,健康素养是改善一国人口的健康行为、提升整体健康水平的重要决定因素。在新冠病毒全球大流行的背景下,健康素养作为一种被长期忽视的健康决定因素引起了世界各国的广泛关注。研究发现,具备较高健康素养的居民能够更准确地理解病毒知识和防疫信息,建立对疫情的正确认知,并采取有效的防疫措施(Abel and McQueen,2020)。因此,在我国落实疫情常态化防控的今天,提升国民健康素养对持续巩固新冠疫情防控成果具有重要意义。同时,随着我国人口老龄化进程的加快和人们生活方式的转变,心脑血管病、癌症等慢性非传染性疾病负担不断加重,而健康素养在疾病防控、慢病管理和医疗资源的有效利用方面起着至关重要的作用(Paakkari and Okan,2020)。

基于此，笔者所带领的课题研究团队于2021年通过网络问卷方式对我国居民健康素养的总体水平、地区分布和影响因素进行了调查分析，旨在为提升全民健康素养、服务健康中国战略提供数据支撑。在本次调研中，我们结合国内外关于健康素养的测评方法，创新性地设计了《北京大学中国居民健康素养调查问卷》，并基于中国家庭追踪调查（China Family Panel Studies，CFPS）2020年的受访群体，在全国范围内进行了随机抽样和问卷收集。调研问卷的设计参考《欧洲健康素养调查问卷》（HLS-EU-Q47）和《中国公民健康素养——基本知识与技能》（健康素养66条），兼顾了国际可比性和本土代表性；问卷内容包括"医疗保健（Health Care）""疾病预防（Disease Prevention）"和"健康促进（Health Promotion）"三个维度，每个维度又分别涵盖"健康知识（Health Knowledge）"和"健康行为（Health Behavior）"两类问题，共包含30道判断题。问卷期望通过合理的维度区分和问题设计来对每个受访者的健康素养进行全面、客观、准确地测度，并对健康素养在不同地域、不同人群、不同维度的分布进行比较。

本次问卷调查共获得有效样本1 438个，样本平均年龄为40.57岁，其中男性占56.33%，女性占43.67%，东、中、西部样本占比分别为51.32%、29.46%和19.22%。问卷调查结果显示，样本居民的平均健康素养得分为83.93（满分为100），得分在80以上的样本占比为71.49%，得分在90以上的样本占比为25.03%。该结果表明，大多数中国居民具备一定的健康素养，但具备较高素养水平的人群不足三成。同时，健康素养得分在不同群体具有显著的差异：以性别为例，男性的健康素养平均得分为83.31，低于女性的平均得分为84.74，说明女性群体在平均意义上具备更高的健康素养水平；分年龄段来看，健康素养得分随年龄增长呈现非线性的变化趋势：大于65岁的老年组平均得分最高，为85.12分；45—65岁的中年组得分最低，为82.65分；小于25岁和25—45岁两个群体的得分接近，为84分左右。在婚姻状态方面，有无配偶的人群之间健康素养得分没有显著差异，均为84分左右。在文化程度方面，个体的受教育水平与健康素养得分呈现出明显的正相关性：小学及以下群体的健康素养得分为 79.18；在此基础上学历水平每提升一个等级都会带来 2—3 分的健康素养得分获益，而大学本科及以上群体的分数在所有学历组中最高，为 87.84 分；这一结果有力佐证了教育对于健康素养的促进作用。从地区分布来看，中、西部地区受访者的健康素养得分接近，均为 83 分左右；而东部地区的平均得分较高，为 84.48 分；这说明居民健康素养同样受到地区经济社会发展水平的影响。课题组在此基础上进一步通过多元回归等统计学方法考察了人口、经济和社会变量对不同维度上健康素养的影响。基于以上研究结论，笔者对提升我国居民健康素养、服务健康中国战略提出以下政策建议：

第一，重视学校健康教育，进一步提升中小学校园的健康科普工作。教育对提升健康素养具有重要意义，我们的问卷调查结果显示个体教育水平对健康素养得分具有显著的正向影响，并且该影响在健康素养的各个维度上均有体现。这是因为，教育对健康素养的形成与早期积累具有重要作用：一方面，教育能够提升个体在文字阅读、数学计算及其他方面的认知能力，从而为健康知识的获取、认识、理解、应用等环节提供认知基础；另一方面，教育对未成年人的行为习惯、人际交流及其他方面的非认知能力具有重要的塑造作用，因此对个体成年后养成健康的生活习惯和就医习惯带来了重要的影响。在学生成长早期，将健康科普与校园中的知识学习有机融合，可以帮助未成年人及早树立正确的健康观念、培养良好的健康习惯，从而具备更好的健康素养基础。

第二，重视预防保健在全民健康水平提升中的重要地位，尤其需要关注和加强中年群体的疾病预防科普工作。我们的问卷分析结果显示，65 岁以上的老年群体在"健康促进"与"医疗保健"方面的健康素养较高，而 45—65 岁的中年群体对"疾病预防"方面的知识与行为了解相对较少、重视程度相对较低。目前我国主要城市劳动者普遍存在亚健康问题，慢性病风险较高。高强度的工作节奏、不健康的生活方式、慢性疾病的高发和年轻化等问题频出。这些问题对整个社会的健康效益提升带来了不小的压力。此外，对传染病预防认识的不足也会导致个体在面对诸如新冠疫情这种突发性公共卫生事件时难以有效应对，导致医疗机构的负荷加剧和医疗资源的挤兑，不利于整体防控。因此,重视健康行为的正确引导,普及慢性病、传染病等疾病预防方面的知识,以"治未病"的精神推进预防保健服务的发展,对提升人口健康水平具有极大的促进作用。

第三,平衡地区间居民健康素养水平的差距,加强在我国中、西部地区健康素养的宣传与普及工作。调研数据显示,不同地区之间的受访者在健康素养得分上存在一定的差距,而中、西部地区在健康促进维度的健康素养水平相对较低。这与不同地区在经济发展、文化水平、公共卫生和医疗资源的客观差距有关,也与各地区在健康科普和宣传教育方面的主管单位的重视程度有关。随着我国经济的全面发展和共同富裕的不断推进,中、西部地区在未来对疾病预防和保健的重视程度必然会不断增强,对健康素养的需求和重视程度也会逐渐增长。因此,加大对中、西部地区(尤其是欠发达地区)的健康宣传与普及力度,对缩小地区间的健康素养水平差距、实现全民健康水平的共同提升具有重要意义。

(作者系北京大学经济学院副院长、教授、博士生导师)

参 考 文 献

[1]ABEL T,MCQUEEN D. Critical health literacy and the COVID-19 crisis[J]. Health Promotion International,2020,35(6):1612-1613.

[2]PAAKKARI L,OKAN O. COVID-19:health literacy is an underestimated problem[J]. Lancet Public Health,5(5):e249-e250.

推动分级诊疗，提高医疗体系运行效率

石 菊

李克强总理在2022年《政府工作报告》中指出,要"坚持推进分级诊疗和优化就业秩序""推动优质医疗资源向市县延伸,提升基层防病治病能力,使群众就近得到更好医疗卫生服务"。2015年国务院办公厅发布专门文件《关于推进分级诊疗制度建设的指导意见》,部署分级诊疗制度建设。此后,推动分级诊疗成为每年卫生工作的重点。当前,分级诊疗制度建设推进并不顺利,三级医院"虹吸"效应严重,基层医疗机构就诊患者持续减少。因而,需要通过国家卫生健康委员会(卫健委)、国家医疗保障局(医保局)等多部门联合,从多角度促进分级诊疗制度建设,推动我国医药卫生体制改革。主要工作可以从以下四个方面开展:

第一,提高区县和基层医务人员待遇,减少区县和基层优秀医务人员流失。国家政策应向区县和基层医疗机构倾斜。增加财政投入,提升医务人员薪酬水平。松绑人事制度,取消或弱化编制,给区县和基层医务人员在职称晋升方面提供政策便利。将优质的医生留在基层,是实现分级诊疗的根本保障。有些地区的医院收入有结余,但是由于人事制度限制,无法将结余用于分配。应允许市县医疗机构根据中央有关医疗机构薪酬制度改革的指导意见,落实"两个允许",将医院收入合理分配用于人员奖励。十年前,大量的基层医疗机构(比如乡镇卫生院和社区卫生服务中心)有比较强大的医疗服务能力。但是由于政策变化,改革之后工资水平相对稳定,医务人员缺乏激励,不能较好地为患者提供服务，导致大量患者转诊或自发前往上级医疗机构就诊，加剧了就医结构扭曲。因此，对于基层医疗机构，改革工资结构，制定合理的薪酬激励方式，调动医务人员工作积极性，是促进分级诊疗的工作重点。

第二，推动紧密型"医联体"建设，引导区县内部推动分级诊疗。在紧密型"医联体"的框架下，上级医院和下级医疗机构作为利益共同体，共同承担患者的治疗成本，分享业务收入。针对同样的疾病治疗或者康复，下级医疗机构往往耗费更少的医疗资源，比如下级医院的床位费更低或者医务人员的薪资水平更低。"医联体"内部医疗机构实现内部分诊激励，将患者引导到合适层级的医疗机构，从而实现分级诊疗。需要强调的是，这样的机制只能在紧密型"医联体"中实现。目前比较普遍的松散型"医联体"，上下级医院之间自愿互相转诊，不能起到促进分级诊疗的作用。转诊患者将减少转出医院的业务收入，因此除非没有救治能力，否则医院并没有动力转出患者。这也是为什么在现实中多见下级医院转诊患者到上级医院，而上级医院很少将患者转到下级医院。

第三，调整报销政策，医保报销比例更多向本地和基层医疗机构倾斜。虽然当前报销政策已经向本地和基层医疗机构倾斜，也就是说，异地就医报销比例低于本地医疗机构，在上级医院就医的报销比例低于基层医疗机构，但是当前的报销差异水平不足以吸引患者到基层医疗机构就诊。建议适当增加报销差异，给予基层医疗机构就诊更高的报销比例。

第四，通过医保支付方式改革，推动基层首诊制度。长远来看，医保支付制度可以推行在紧密型"医联体"架构下按人头付费，该制度从根本上解决了整个医疗体系的激励设定问题。具体来说，"医联体"根据参保人员特征获得定额（更精细的支付方式是根据参保人的个人特征和医疗花费风险进行调整）的医保人头费，并负责该人员的所有治疗成本。当前的医保支付方式是后付制，患者生病以后去医院治疗，医保部门根据疾病和治疗方式决定支付水平。

一般来说,患者花费越多,医保支付越多。而人头费是一种预付制,在患病之前支付已经完成,患者花费越多,医疗机构产生的成本越高。因此,该制度彻底改变了医疗机构的盈利模式,也将对患者提供的服务从疾病治疗为主转为健康管理为主。通过健康教育和慢病管理降低参保人发病率,进而减少社会医疗资源消耗,这也正是当前医疗改革的目标。该模式可以与家庭医生制度相结合,推行家庭医生基层首诊制度,由家庭医生把关上级转诊。总的来说,该模式既可以落实家庭医生制度、促进慢病管理,又可以实现分级诊疗、减少资源浪费,是未来应该大规模推行的医疗制度。

(作者系北京大学经济学院长聘副教授、博士生导师)

社会保障体系是保障和改善民生的基本制度和稳定就业的重要工具

贾　若

李克强总理在 2022 年《政府工作报告》中，分两段阐述了医疗保障和其他社会保障工作的具体任务。医疗保障方面，报告提出要实现居民医保和基本公共卫生服务经费人均财政补助标准分别再提高 30 元和 5 元，推动基本医保省级统筹；深化医保支付方式改革，加强医保基金监管。完善跨省异地就医直接结算办法，实现全国医保用药范围基本统一；把更多常见病等门诊费用纳入医保报销范围。其他社会保障工作方面，《政府工作报告》提出要加强社会保障和服务。稳步实施企业职工基本养老保险全国统筹，适当提高退休人员基本养老金和城乡居民基础养老金标准，确保按时足额发放。继续规范发展第三支柱养老保险。加快推进工伤和失业保险省级统筹。上述工作部署，显示了社会保障体系在以保障和改善民生为重点的社会建设中的基础性作用。社会保障体系是保障和改善民生的基本制度。

此外，《政府工作报告》还提出了三条以社会保障为制度工具的"稳就业"政策，即"延续执行降低失业和工伤保险费率等阶段性稳就业政策""对不裁员少裁员的企业，继续实施失业保险稳岗返还政策，明显提高中小微企业返还比例""使用 1000 亿元失业保险基金支持稳岗和培训"。上述政策凸显了社会保障体系在稳定就业工作中同样发挥重要作用。

2021 年 11 月，党的第十九届六中全会通过了《中共中央关于党的百年奋斗重大成就和历史经验的决议》，全面总结了"中国特色社会主义新时代"以来党领导社会建设所取得的历史性成就。建成覆盖全民的社会保障体系是党领

民生建设：厚生利用，国泰民安

导社会建设取得的伟大成就，是以人民为中心的发展思想的成功实践，是人类发展史上的奇迹——"我国建成世界上规模最大的社会保障体系，十亿二千万人拥有基本养老保险，十三亿六千万人拥有基本医疗保险"。

2021年2月，习近平总书记在中央政治局第28次集体学习时指出，社会保障是保障和改善民生、维护社会公平、增进人民福祉的基本制度保障，是促进经济社会发展、实现广大人民群众共享改革发展成果的重要制度安排，是治国安邦的大问题。这一表述首次把社会保障制度定位在治国安邦的政治高度，并从社会建设角度科学阐述了社会保障的基本功能——保障和改善民生、维护社会公平、增进人民福祉。

社会保障是"病有所医""老有所养""弱有所扶"的基本制度工具。医疗、生育、养老、失业、工伤是社会保障体系的核心制度——社会保险所覆盖的主要内容，是解决"病有所医""老有所养""弱有所扶"的基础性制度安排。当前，基本医疗保险已基本实现全民覆盖，基本养老保险也已接近目标人群全覆盖，失业、工伤保险的目标人群是城镇职工，当前的主要工作是面向灵活就业人员，特别是新业态从业人员进行推广。在解决了从无到有的问题之后，下一步，社会保障体系需要进一步解决从有到好的问题，即提高质量，满足人民个性化、高水平的需求，应对老龄化、就业方式多样化等带来的新挑战。老龄化使得医疗保险和养老保险面临更大的支付压力，如何在减税降费的大背景下，通过深化社会保障制度改革，提高社会保险基金使用效率、投资回报率、扩大社会保险基金来源和社会保险费遵缴率，是进一步发展和完善高质量社会保障体系过程中亟待解决的问题。

社会保障是实现全面小康、促进乡村振兴的重要制度工具。建党百年前夕，中国历史上第一次实现了全面小康，消除了绝对贫困。脱贫攻坚过程中，社会保障体系发挥了重要作用。疾病是中国农村地区绝对贫困的首要诱因，医疗保险由此成为精准扶贫的天然制度工具。特别是当脱贫攻坚进入收官阶段后，扶贫的模式和思路也从开发式扶贫过渡到开发式扶贫和保障式扶贫并重：一些深度贫困人口缺乏自食其力而脱贫的劳动能力和条件（比如年老、残障、慢性病等),针对他们,通过提供兜底保障,抵抗疾病风险,社会保障制度具有独特的、难以替代的制度优势。在实现全面小康后的乡村振兴道路上,如何更好地发挥社会保障作用,让经济发展成果惠及全民,让人们能够在没有养老、医疗、失业等后顾之忧的状态下投入创造美好生活的奋斗中去,是进一步发展和完善高质量社会保障体系的应有之义。

社会保障是为应急管理提供关键金融支持的重要制度工具。百年不遇的新冠疫情,严重威胁人民生命健康和国家经济发展,在面临疫情冲击时,最重要的是尽快救治感染者,不让他们顾虑医疗费用而回避就医,避免因医疗经济负担而导致疫情进一步扩散。中国政府迅速做出了新冠病患免费医疗的决策,其医疗费用大部分由社会医疗保险基金支付,医保支付以外的由财政兜底。坚实的覆盖全民的社会保障体系,为中国迅速控制住疫情提供了关键金融支持。2008年汶川地震后,全球金融危机背景下,国家财政面临较大压力,全国社会保障基金为救灾应急提供了紧急融资支持。下一步,如何更制度化、法治化地利用好社会保障体系,服务于国家应急管理,成为重要议题。

社会保障是促进分配公平、实现共同富裕的重要制度工具。市场经济条件下,社会保障是保证人民有尊严地共享经济发展成果的重要制度安排,是第二次分配的重要制度工具。某种意义上,更公平的社会分配促进了经济发展的可持续性,避免因收入分配不公而落入"中等收入陷阱",让在创业和职业发展过程中不慎失败的人能没有后顾之忧,他们才能更一往无前地创造财富。在实现社会保障全民覆盖后,社会保障体系下一步的改革和发展,需要更多关心公平问题,包括如何增强社会保险的社会共济属性,如何增强社会保险调节地区间不平衡的作用,如何改善社会保障基本服务均等化等问题。

(作者系北京大学经济学院副教授、博士生导师)

城市的转型对于推进生态文明的转型至关重要

李 曦

英国著名历史学家阿诺德·约瑟夫·汤因比（Arnold Joseph Toynbee）曾在《历史研究》（*A Study of History*）中指出，人类文明史上的实例一再表明，文明最常见的演进机制是挑战与回应。中国当前的生态文明转型就是对严峻生态挑战的一种回应。我国面临的生态挑战有很大一部分是由城市化进程带来的。我国城市化进程走了不少违背自然规律的弯路，对生态环境造成了严重的干扰。2021年，我国城市化率达到64.7%，意味着我国超过3/5的人口生活在城市，因此城市在我国实现生态文明转型这一目标中扮演着至关重要的角色。我国诸如"碳达峰""碳中和"等具体发展目标的成败也与城市的转型与否紧密相关。

一、城市转型的历史必然性

学术界一直在讨论是否要确认一个全新的纪元来描述我们对赖以生存的地球生态系统造成深远的影响。如果我们将从农业革命以来以人口激增为典型特点的这一段历史时期定为"人类世"的话，那么我们是不是也可以将滥觞于工业革命并以城市的迅猛增长为特点的这个历史阶段定位为"城市世"？不断增长的人口给地球生态系统留下了深深的足迹，而城市以及全球迅猛的城市化进程则更加深远地塑造着地球生态系统的未来。

一方面，城市自古以来多因优渥的自然地理条件而生，这是城市的自然属性。依山傍水而建的原初城市就如自然生态环境襁褓中的婴儿，因自然而诞生、受自然庇护、与自然相互依存。虽然城市不断深化发展出更丰富的功能来,但城市依然与自然是一体的,或者说城市并没有脱离自然生态环境这一母体,自然条件是城市生存的一个必要条件,也是城市为人们提供福祉的前提。另一方面,城市因人而建,为人而建,这是城市的社会属性。城市发展的终极目标是实现人类发展。城市是文化的熔炉,是思想的摇篮,是创新的孵化器,物质、能量与人口、货币等流动在这里交融,为促进人类发展提供了无限可能。

然而,纵观城市发展历史,不难发现,城市的演化是一个与自然渐行渐远的过程,在城市功能不断深化发展的进程中,其社会属性逐步被强调,而其自然属性却不断被剥离。尤其是工业革命以来,专业化、机械化、现代化等进程加速了城市与自然分离的步伐,城市经济由"自然经济"转向了实实在在的"技术经济"。城市发展范式也逐步由以"自然经济"为基础的发展范式转向以"技术经济"为基础的发展范式。

传统的工业城市发展路径都是基于一种"技术经济"的理念,即通过改进技术、扩大生产资料范围、提高生产资料的组织效率等手段来推动社会经济的发展。在工业城市发展初期,城市规模相对于生态系统规模尚小,技术经济的发展的确显著提升了城市居民的社会经济福祉水平,彼时技术经济背后的生态环境成本也还不足以被人们重视。然而,随着城市规模的扩张,技术经济带来的边际收益递减,相反边际成本递增,社会经济产品和服务带来社会经济福祉的增多越发弥补不了生态产品和服务萎缩而导致的生态福祉的减少。虽然城市极大地提高了人类的物质能量代谢能力,但也使我们面临着前所未有的挑战。一方面,高速运转的城市"技术经济"虽然使城市离自然越来越远,但却强化了城市对自然的间接攫取和破坏。以技术经济为基础的城市发展范式忽略了城市与自然的深层次关联,表面剥离了城市的自然属性,制造了一个城市经济可以"为无米之炊"的假象——事实上,城市对生态环境的攫取一直没有停止过,只是随着工业化、产业化、城市化等一系列社会经济过程,使城市对生态系统的攫取由自然经济的"显性依附"变成了工业经济的"隐性攫取"。全球城市化的全面推进极大地提高了人类的物质能量代谢能力,但就如"杰文斯悖

民生建设：厚生利用，国泰民安

论"所说，"反弹效应"使城市效率提升的同时也导致了城市对资源、能源需求和消耗总量的提升；另一方面，虽然城市内部结构的"进化"使城市抵抗自然冲击的能力不断加强，但也因在相对狭小的空间范围内过度集聚而造成了一系列的资源短缺、环境污染、气候变化、交通拥堵、疫情防控艰难、社会两极分化等生态和社会矛盾，严重削弱了城市居民甚至全人类的福祉。在工业化早期，英国伦敦、美国洛杉矶、德国鲁尔等许多工业化城市和园区就爆发了严重的环境危机，致使城市居民的生命财产安全遭受重创。彼时，老牌工业城市面临的还是局部性的问题，这些城市通过产业转移和产业升级，最终走上了清洁绿色发展的道路，但随着全球工业化和经济全球一体化的推进，城市污染由老牌工业化城市向发展中国家的城市转移，墨西哥、印度、中国等发展中国家城市频繁爆发严重环境污染事件。随着全球人口激增、经济体量飞速膨胀，生态环境不堪重负，局部性环境问题也最终演变成气候变化、能源和水资源匮乏、生物种类锐减、臭氧污染、化学污染等一系列全球性的生态危机。

从早先的玛雅、苏美尔等古城邦文明的兴衰我们可以得到启示，城邦文明多因自然优势而生，也多因生态困境而亡。作为复杂适应系统，城市也在进化。对工业城市的问题和局限性的反思，催生了诸如"田园城市""花园城市""山水城市""生态城市"等新兴城市概念。相比传统的工业城市，以"花园城市"概念为起点的新兴城市不断尝试在城市规划中整合生态环境要素，强调生态环境的保护，使城市更具生态关怀，同时也使城市更具生态美学价值。然而，这些城市理念还不能称为城市范式的革新。仔细剖析，我们发现这些新兴城市模式要么旨在通过合理的规划，提升城市的资源和环境利用效率，降低城市经济增长的生态成本，减少城市对生态环境的破坏和干扰（比如卫星城市、生态城市等）；要么尝试将生态环境融入城市景观规划，逆转城市远离自然的趋势，从美学、人文价值上提升城市居民的生活品质（比如花园城市、广亩城市、森林城市、山水城市等）。关注城市生活和生产的资源环境效率，减少城市社会经济发展的生态成本，提升城市的自然美学和人文价值，这些都是对传统工业城市理念的优化，然而遗憾的是，这些新兴的城市形态无论从理念上还是实践上都没有脱离技术经济这一核心框架,经济还是经济,生态还是生态,两者并不是完全统一的关系,城市的自然属性和社会属性依然是割裂的,无法从根本上突破工业城市的困境。

人类社会经济系统不断逼近生态系统的极限状态,建立在技术经济基础上的城市发展模式已经难以应对诸多不可持续的生态和社会矛盾,也难以承担引领人类走向持久、繁荣、公平发展的重任。托马斯·库恩(Thomas Kuhn)认为,当现有的知识和经验都无法解释我们当今面临的矛盾的时候,也许就是我们现有认知所基于的范式需要进行革命的时候。那么,能够面向未来的城市范式将是什么样的?

二、我国公园城市的新理念如何引领城市的转型?

2018年2月,习近平总书记在四川成都天府新区视察时要求,"要突出公园城市特点,把生态价值考虑进去,努力打造新的增长极,建设内陆开放经济高地"。2022年,国务院正式批复同意成都建设践行新发展理念的公园城市示范区。"公园城市"这一创新性的理念是在我国推进生态文明转型的大时代背景下关于城市建设的创造性论述,为新时代破解城市发展难题、改善民生福祉提供了方向,在城市建设和生态文明建设上具有开创性的意义。

那么,在我国生态文明转型背景下诞生的公园城市是否可以引领城市发展范式的真正变革?

笔者认为,范式革命的意义在于以新的范式突破旧的范式无法突破的困境,因此,公园城市要引领城市的范式革命,必须直面并从根本上摆脱当前城市发展的桎梏,清醒认识到城市自然属性和社会属性的二位一体性,真正实现两者的统一。虽然无限发展城市的社会属性是城市发展的目标,但如果不重视城市的自然属性,城市的社会属性也难以长远发展。因此,公园城市应重视城市自然属性这一根本,以城市的自然属性为基础发展其社会属性,最终实现城市自然属性和社会属性的统一。

具体来说,公园城市需要在基本愿景、发展目标、实现机制等各个层面都迈出崭新的步伐。

（一）基本愿景：从自然经济、技术经济迈向一种以"稳态"为特点的生态文明经济

显然，我们不能回到效率和福利水平都十分低下的"自然经济"状态。公园城市是要强调回归城市的自然属性，而且要比任何时代更强调和尊重自然生态的重要性，但公园城市不是倡导回归"自然经济"——简单地、低效地依附自然创造和实现价值并提供福祉；公园城市辩证地对待"技术经济"，同样强调技术进步在提升资源环境的利用效率、降低生态成本方面的潜能，但对"技术经济"为城市创造和实现价值的恒久性持谨慎的态度。公园城市构建的是一种全新的经济形态——一种经济基础、社会进步和人类发展都建立在良好、健康、持续的城市生态系统之上的结构稳定、运转有效、福祉普惠的经济形态，笔者称之为"生态文明经济"。生态文明经济不以经济增长为恒定目标，而是在满足一定福祉水平下，强调保持合理的规模，并在一种稳态下实现质的发展。

（二）发展目标和实现机制：可持久的规模、稳定的结构、高效的配置和普惠的分配机制

公园城市的内涵在于其持久性、韧性、高效性和普惠性。因此，公园城市需要可持久的规模、稳定的结构、高效的配置和普惠的分配机制。制度设计上总的思路应该以控制总量、消除或减少外部性影响，实现生态福祉全民普惠共享为着力点。具体来说，总量控制重在规划，通过红线、底线的划定明确城市的生态开发空间。外部性问题比较复杂，一方面可以通过明确产权、完善产权交易制度来消除外部性，充分发挥市场的激励机制，形成成本和收益的自我控制机制；另一方面可以通过直接控制（比如生态税费等）制度实现外部性内部化，或通过间接激励（比如预付金返还）制度减少外部性，促进良性循环；还可以通过宏观上制度培育（比如绿色价格体系和绿色国民账户的构建等），对整个社会的经济运行进行生态成本—收益的宏观调控。要实现生态福祉的普惠共享，可以基于生态税费、生态补偿、财政转移支付等社会再分配机制合理分享发展的成果。

(三) 需要进一步强调的三个原则

公园城市为我国城市的转型提供了一个方向。显然,并不是每座城市都具有发展成公园城市的潜质。国务院批复同意成都建设践行新发展理念的公园城市示范区,这是成都这座城市先天的自然优势与后天历史积淀的综合结果。然而,无论城市的自然禀赋如何,每一座工业文明下发展起来的城市都多多少少有历史遗留的问题,从现实到愿景,我们还有很长一段路要走。因此,最后对于公园城市的建设,笔者想强调以下三个原则:

一是理想目标和现实基础的平衡原则。理想目标必须高远,必须是彻头彻尾的革新,但不能忽视历史基础,尤其是对老城的改造规划,必须从历史和现实出发,以渐进的方式逐步分期逼近目标规划。

二是统一性和多样性的平衡原则。大方向的标准必须统一,但一定要杜绝千城一面,要尊重城市的自主性,充分发掘城市的个性,保存城市的多样性。

三是乡村和城市的平衡原则。公园城市的建设是一个弱化城乡二元分化的机会,要利用公园城市的空间和功能规划,更好地连接城市和乡村,实现以城带乡、以乡护城,真正实现城乡融合。

(作者系北京大学经济学院长聘副教授、博士生导师)

改善生态环境,推动高质量发展

王大树　程　哲　塔　娜

李克强总理在 2022 年《政府工作报告》中提出要"持续改善生态环境,推动绿色低碳发展。加强污染治理和生态保护修复,处理好发展和减排关系,促进人与自然和谐共生"。

以前,我们的经济增长方式比较粗放,增长速度很快,但"大量生产、大量消耗、大量排放"的生产模式,降低了发展质量。高质量发展的内在要求是绿色发展。这里的绿色指的是人与自然和谐共生的生产生活方式,不能再走只管增长、不顾生态环境保护的老路了,要坚持"绿水青山就是金山银山"的理念,走高质量发展之路。

走绿色发展之路是调整经济结构、转变发展方式的必然选择。在实现第二个百年奋斗目标新征程上,必须坚持生态优先、绿色发展,为社会主义现代化建设增色添彩,让绿色成为高质量发展的底色。绿色发展理念对高质量发展具有引领作用,要求加快生态文明制度建设,在碳达峰碳中和框架下逐步有序实现生产生活方式的全面绿色低碳转型,在加强生态环境保护的基础上推动经济高质量发展,坚持在发展中保护、在保护中发展,通过生活环境的改善来提高人民生活质量。

那么,怎样推行以绿色为底色的高质量发展呢?笔者认为,主要工作是以绿色发展理念引领高质量发展,促进生产生活方式绿色转型,具体来讲,要做好以下几点:

以协调统一社会发展和生态环境保护、人与自然和谐共处的要求改变过去粗放的生产模式，推进生态产业化和产业生态化，建立健全绿色低碳循环发展的经济体系，发展绿色生产方式，使经济和社会发展建立在高效利用资源、严格保护生态环境、有效控制碳排放的基础之上，为高质量发展注入绿色动能。加快形成节约资源和保护环境的产业结构、生产方式、空间格局，努力构建科技含量高、资源消耗低、环境污染少的产业结构。加快发展绿色产业，推动自然生态优势转化成生态农业、生态工业、生态旅游、生态休闲、生态养生等更好发展的优势。当前，绿色科技成了科技为社会服务的基本方向，成了建设美丽中国的重要抓手，要发展低能耗、低排放、高利用率的绿色产业，用绿色科技保护生态环境，走经济发展和生态优良并进的可持续发展之路。绿色科技创新不仅是绿色发展的关键，而且是新的经济增长点。例如，实现碳达峰碳中和目标就存在一个稳增长与碳减排之间的权衡问题，绿色科技既能显著抑制碳排放，又能促进经济增长。

绿色生活方式涉及老百姓的衣食住行。要提高全民节约意识、环保意识、生态意识，反对奢侈浪费和不合理消费，倡导简约适度、绿色低碳的生活方式，把建设美丽中国转化为全体人民的自觉行动，通过生活方式绿色革命，倒逼生产方式绿色转型。

建立有利于生态产品价值实现的体制机制。推进生态文明体制改革，健全自然资源资产产权制度和法律法规，完善资源价格形成机制。探索政府主导、企业和社会各界参与、市场化运作、可持续的生态产品价值实现路径。建立生态环境保护者受益、使用者付费、破坏者赔偿的利益导向机制。

总之，生态环境保护能够引导和倒逼经济加快转型，是推动高质量发展走上正确轨道的约束力量。要在碳达峰碳中和框架下，逐步有序地实现生产生活方式全面绿色转型，倒逼国民经济走上高质量发展的道路。保护生态环境就是保护生产力，改善生态环境就是发展生产力，要处理好发展和减排的关系,像保护眼睛一样保护自然和生态环境,从生态系统整体性出发,推进山水林田湖草沙一体化保护和修复,提升生态系统质量和稳定性;要健全党委领导、政府主导、企业为主体、社会组织和公众共同参与的生态环境治理体系,促进人与自然和谐共生;加强污染治理和生态保护修复,强化大气多污染物协同控制和区域协同治理,加大重要河湖、海湾污染整治力度,持续推进土壤污染防治,打好蓝天、碧水、净土保卫战。

(王大树系北京大学经济学院教授,博士生导师;程哲系西安建筑科技大学公共管理学院教授,北京大学经济学院应用经济学博士后;塔娜系北京大学经济学院博士后)

推动区域城乡协调发展，打造系统动态均衡的新发展格局

王曙光

李克强总理在 2022 年《政府工作报告》中提出"区域政策要增强发展的平衡性协调性"，提出要促进东、中、西和东北地区协调发展，支持产业梯度转移和区域合作。支持革命老区、民族地区、边疆地区加快发展。经济大省要充分发挥优势，增强对全国经济发展的带动作用。经济困难地区要用好国家支持政策，挖掘自身潜力，努力促进经济恢复发展，同时提出"推动城乡区域协调发展，不断优化经济布局"。城乡协调发展、区域协调发展，是解决我国"不平衡""不充分"这两个基本矛盾的关键途径。

党的十九大用"不平衡"和"不充分"两个重要概念来概括我国基本矛盾的重大变化，实际上"不平衡"和"不充分"在现实中是相互纠结、相互强化的：城乡之间和区域之间的"不平衡"的发展格局和二元体制格局加剧了不发达地区和乡村各种经济社会文化发展的"不充分"（尤其是各种公共服务和社会福利供给的不充分），同时不发达地区和乡村的经济社会文化发展的"不充分"反过来又强化了城乡之间和区域之间的要素单向流动，从而强化了发展的"不平衡"。改革开放初期是从"不平衡"中获得经济发展的最初动力：不平衡的要素流动（人才与资本向沿海地区的单向流动）、不平衡的开放政策（自东部到中部再到西部的渐进的对外开放战略）、不平衡的改革红利释放（沿海地区比内陆地区获得了更宽松的制度创新环境），东部沿海地区获得了发展的"先发优势"并在此后几十年强化了这种优势。而打破这一"不平衡"的发展格局，实现全

国意义上的均衡发展,尤其是鼓励东北地区、西部地区和中部地区等相比东部沿海地区发展略微滞后的地区加快发展步伐,乃是构建新发展格局的应有之义。

在由非均衡发展向均衡发展战略转型从而构建新发展格局的过程中,要特别强调"系统动态均衡"这一基本方法论,这一方法论应贯穿于顶层制度设计和具体政策制定的各个环节。系统动态均衡理论强调系统的均衡和动态的均衡两个方面。所谓系统的均衡,把整个经济视为一个包含不同子系统的、各子系统之间又相互影响相互作用的一个开放的闭环的大系统。"系统的均衡"作为一种方法论,意味着我们在解决城乡和区域不均衡的过程中,要系统地、综合地运用各种政策和制度框架,要将扶贫政策、区域发展政策等"发展"政策与传统宏观经济政策(货币政策、财政政策、金融政策、收入分配政策)有机结合起来,实现各种政策的系统耦合和有机匹配,实现制度和政策的叠加效应。所谓"动态的均衡",即政策制定者不是通过静态的补贴困难群体和欠发达地区而追求简单的、绝对的均衡,而是在系统的激励性的制度创新下,在以更大规模实现要素流动、更大范围实现资源有效配置、更大深度拓展微观主体创造和发展自由、更大力度激发微观主体内在发展动力的基础上,追求一种基于"动态发展"的均衡。在"发展"中寻求均衡,就如同在自行车行进的过程中处于均衡一样,绝对静态均衡状态下自行车是难以行进的;同样地,要追求绝对的静态的均衡,其结果很可能是损失甚至丧失了"发展",因而这种均衡只能是一种虚假的、暂时的均衡;而只有基于动态发展的均衡,才是能够实现发展的真均衡。因此动态均衡的要义不是简单的"哀多益寡",而是创造一整套有利于动态发展且兼顾均衡的制度—政策体系。

以解决城乡发展不均衡为例来说,我们不要仅就乡村发展谈乡村发展,而是要把乡村发展放在整个"城乡关系"的动态变化格局中去衡量、把握和审视,从鼓励城乡之间更大范围、更大规模的要素流动破题,从而打破传统二元城乡体制下乡村向城市的单向要素流动格局,实现城乡之间要素的双向流动,尤其是要运用各种制度和政策创新(金融信贷政策、创业激励政策)鼓励城市要素(人力资本要素、金融资本要素)向乡村的流动,并同时运用制度创新促进农村的要素流动和要素有效配置(比如通过建立农村产权交易所促进农村土地等要素的有效交易和配置)。在这样的思路下,解决城乡之间的不均衡问题本身,就成为构建新发展格局的一个有机组成部分,城乡能够在动态的发展过程中实现真正的均衡。

(作者系北京大学经济学院教授、博士生导师)

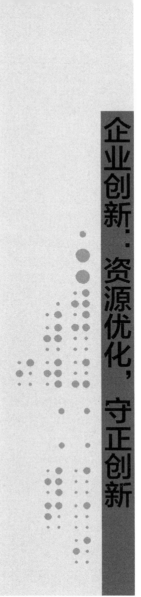

Part 6

企业创新：资源优化，守正创新

留抵退税助企业减负纾困焕发生机

刘 怡

李克强总理在《政府工作报告》中提出,2022年对留抵税额实行大规模退税,预计全年留抵退税约1.5万亿元。这是在当前需求收缩、供给冲击、预期转弱的三重压力下,国家助企纾困、稳市场主体保就业、提振市场信心的有力举措。

增值税留抵的产生与增值税的计算方法有关。我国增值税采用税款抵扣的方法计算,先分别计算销项税额和进项税额,然后用销项税额抵减进项税额后的净额为企业当期应缴纳的增值税额。根据《中华人民共和国增值税暂行条例》第四条的规定,如果企业当期销项税额小于当期进项税额,不足抵扣的部分可以结转至下期继续抵扣,就成为通常所称的"增值税留抵"或"留抵税额"。留抵导致企业资金占用、成本增加,影响企业的生产经营活动,不利于创新创业的激励和企业竞争力的提升。

2018年以前,我国主要采用期末留抵结转下期抵扣的做法,仅对个别行业和领域符合条件的纳税人由于特定事项产生的留抵税额按一定公式计算退还。2018年以来,我国逐步建立了增值税期末留抵退税制度。2018年4月,对装备制造等先进制造业、研发等现代服务业,以及电网企业退还增值税留抵,但规模小、范围窄。2019年,我国初步建立制度性期末留抵退税制度,对全部行业符合条件的一般纳税人退还增量留抵,并对部分先进制造业纳税人设置了更为优惠的退税条件。2021年,进一步放宽了先进制造业的范围,加入了医药、化学纤维、铁路、船舶、航空航天和其他运输设备、电气机械和器材、仪器仪表等行业。

此次《政府工作报告》进一步明确并完善了当前留抵退税的相关政策，退税力度显著加大，充分体现了阶段性措施和制度性安排的结合。具体来说，此次留抵退税政策有以下几个特点：

第一，政策力度大，可以深入解决存量留抵问题。从规模上看，约1.5万亿元的留抵退税规模史无前例。2018年对装备制造等先进制造业、研发等现代服务业以及电网企业一次性退还期末留抵的退税总额为1148亿元，其后的增量留抵退税政策虽然覆盖全部行业，但均仅针对与2019年3月31日相比的增量部分，这一时点之前的存量留抵不在退税范围内，因而规模也相对有限。《政府工作报告》提出，大力改进增值税留抵退税制度、对小微企业的存量留抵税额于2022年6月底前一次性全部退还、全面解决制造业、科研和技术服务、生态环保、电力燃气、交通运输等行业留抵退税问题，深入到解决存量留抵，对于缓解企业资金压力、帮助企业渡过难关、盘活企业资金、激发企业活力，进一步提升中国制造业竞争力，都具有十分重要的意义。

第二，政策针对性强。《政府工作报告》中提出，优先安排小微企业，重点支持制造业，全面解决制造业、科研和技术服务、生态环保、电力燃气、交通运输等行业留抵退税问题。这是在充分考虑增值税留抵对不同规模、不同领域企业不同影响的基础上做出的具有针对性的政策决策，有利于小微企业持续稳定经营，有助于重点领域企业扩大投资、改进工艺、升级技术装备，推进制造业高质量发展，并通过加快制造业发展提升产业链供应链现代化水平，增强产业链供应链稳定性和竞争力。

第三，资金保障有力。《政府工作报告》中提出，退税资金全部直达企业，地方政府及有关部门建立健全工作机制，加强资金调度，确保退税减税这项关键性举措落实到位。这是企业真正享受政策红利的有力保障。

上述政策的落实还需要对当前的留抵退税负担机制做进一步完善。我国地方分成部分的增值税按照生产地原则确定收入归属，举例来说，A地企业由B地购入机器设备，则B地取得销售该机器设备的增值税收入（地方分成部分），同时该笔税款成为 A 地该企业的增值税进项。如果 A 地该企业符合申请增值税留抵退税的条件并就该笔税款申请退税，会出现 B 地实际分得税款，而 A 地需要负担退税的情况。对于一些财力较弱的市县，短期内负担大量留抵退税使其面临巨大的财政压力。考虑到这一问题，《国务院关于印发实施更大规模减税降费后调整中央与地方收入划分改革推进方案的通知》（国发〔2019〕21 号）提出，增值税留抵退税地方分担的部分，由企业所在地先负担 15%，其余 35% 暂由企业所在地一并垫付，再由各地按上年增值税分享额占比均衡分担，按月调库。

由于此次留抵退税政策可能涉及《国务院关于印发全面推进营改增试点后调整中央与地方增值税收入划分过渡方案的通知》（国发〔2016〕26 号），中央和地方按 75：25 的比例进行分成时累积的留抵（不是现行的 50：50），需进一步完善留抵退税负担机制，确保退税政策落实到位，真正为企业减负纾困、增添活力。

（作者系北京大学经济学院教授、博士生导师）

数字时代平台企业垄断的治理策略

李连发

由中国信息通信研究院发布的《中国数字经济发展白皮书(2021年)》显示,2020年我国数字经济规模达到39.2万亿元,占GDP比重为38.6%;数字经济增速达到GDP增速3倍以上,成为稳定经济增长的关键动力。自2010年欧盟启动对谷歌的反垄断调查以来,平台垄断治理已经成为各国共同面对的课题。我国涉及金融业务的平台企业比较多,尤其是一些头部平台企业,部分平台企业以科技之名规避金融监管的做法,使得系统性金融风险和网络数据信息安全风险无法得到有效控制。在催生数字时代方面,平台企业曾经做出了引领创新的贡献,但也需要清醒地认识和面对平台企业垄断给公平竞争和金融稳定等方面带来的损失。数字时代,平台企业垄断的运作手段更加多种多样,但对垄断给公平竞争、经济长期增长和金融稳定带来的损害,各国监管者的意见空前一致。

一、治理平台企业垄断的国际背景

麦肯锡2019年发布的报告认为,未来10年,30%的世界产出将通过平台企业实现。数字时代,平台企业的垄断特征明显。比如,脸书公司承认,其不同产品(Facebook,Instagram,WhatsApp,Messenger)之间的竞争程度高于与其他竞争对手产品的竞争程度。2010年,欧盟最早开始对美国平台企业的垄断进行调查。如果有一家欧盟企业抱怨美国的谷歌、脸书、亚马逊和苹果等公司利用它们的市场份额进行不正当竞争,欧盟的执法机构一般会介入调查。

2019年6月,美国国内企业对谷歌、脸书、亚马逊和苹果等公司不正当竞争的抱怨终于促发了美国国会的调查,并于2020年公布了《数字市场竞争状况调查报告》(Investigation of competition in digital markets);根据这一调查报告,截至2020年9月,谷歌、脸书、亚马逊和苹果等公司的市值超过5万亿美元——超过标准普尔100指数当时市场价值的1/3。2020年10月,美国司法部起诉谷歌有反竞争行为。谷歌、脸书、亚马逊和苹果等公司都是美国数字时代的标志性创新公司,这些公司展现了美国经济的创新能力。欧盟执法机构忌惮这些公司所具备的美国象征性意义,始终没有采取拆分这些公司在欧洲业务的做法,仅以罚款和令其自纠加以惩罚。

数字时代之前,人们对垄断最主要的理解是企业的市场份额大。经济学区分了两类垄断,一类是与效率相一致的垄断,也就是企业的规模效应递增,边际成本随企业规模增加而下降;另一类垄断与效率相背,也就是企业的规模效应递减,边际成本随企业规模增加而上升。以往律师和咨询公司经常在美国的法庭上告诉法官,如果是前一种垄断,它对效率和社会福利有好处,不应该被执法机构干预和限制;这种对垄断的理解现在已经发生了改变。2020年美国公布的《数字市场竞争状况调查报告》特别地对垄断的传统想法进行了纠正,即便是与效率一致、市场份额增加有利于降低企业边际成本的垄断,也应该毫无例外地受到执法部门的限制,理由是垄断企业有意愿、有能力,而且事实上总是对其他创新企业、消费者不公平,这损害了创新和经济的长期增长。

垄断的反竞争本质在于,企业是否通过操纵市场来获取对自己最有利的交易剩余。即使企业市场份额不是特别大,上述操纵行为也是反竞争的、歧视性的,对其他创新企业和消费者不利,损害长期经济增长潜力。一定程度上,促进市场公平竞争的理念已经涵盖了反垄断的含义,甚至具有更全面的内涵。

二、国际平台企业垄断行为的主要表现

国际平台企业的垄断行为往往有如下表现:

(一)运用金融资金方面的支配性优势。平台公司几乎有无限的资金可以投入其产品,允许其产品以免费的方式提供给消费者。比如,谷歌地图就是免费的,谷歌对谷歌地图的资金投入巨大。平台公司的这种金融优势是初创企业无法比拟的。

(二)客户对平台公司的过度依赖。根据美国2020年发布的《数字市场竞争状况调查报告》,亚马逊公司占有美国零售市场份额的50%以上。230万个活跃在亚马逊公司网络平台上的中小企业,其中37%没有其他选择,只能依赖亚马逊公司来实现销售。与平台保持良好关系对小企业的财务健康至关重要,亚马逊公司网络平台上的零售商一旦被平台下架,企业的财务就面临非常大的压力,小企业对亚马逊公司的畏惧程度不亚于对法院的畏惧程度,亚马逊公司处理问题比法院更加不确定、不透明。

(三)收购、复制和消灭竞争对手企业。根据《数字市场竞争状况调查报告》,脸书公司高管的内部通信显示,脸书公司通过收购对其构成竞争威胁的公司来维持和扩大自己的优势,运用自己的数据优势构建了庞大的市场情报体系来识别潜在的竞争威胁,然后采取收购、复制和消灭这些企业等行动。美国反垄断子委员会已经敦促美国联邦贸易委员会调查脸书公司分别在2012年和2014年对竞争对手Instagram和WhatsApp的并购,同时还要求调查脸书公司是否扼杀竞争对手Vine(后者已经被迫关闭)。但在脸书公司的近100次收购中,美国联邦贸易委员会仅仅仔细调查了其2012年对Instagram的收购。

(四)通过不正当手段推广自己的产品。平台企业通常运营着特定的市场,而同时又是这个市场中的竞争者。一些平台企业在市场上一边为其他竞争者设定规则,一边自己却按另一套规则竞争;一些平台企业对自己运营的市场的"监管"除了对自己负责,不对任何人负责。

(五)不公平的合约安排与经营行为。根据《数字市场竞争状况调查报告》,苹果和谷歌公司均开发了在App应用内部允许购买和支付的机制(in-app purchase, IAP),苹果和谷歌公司从应用开发者收取的佣金是30%,而且收集消费者的个人和支付信息、实施支付处理,然后将消费者的款项扣除

30%之后再打给应用开发者。运用安卓和iOS操作系统出售数字内容和服务的应用开发商被要求必须使用苹果和谷歌应用商店的IAP。

三、平台经济持续健康发展需解决监管体制不适应、企业发展不规范等问题

我国部分平台企业利用垄断地位，以科技之名规避金融监管，业务所涉及的金融风险具有传染性和溢出性。这些企业为广大人群提供金融服务和企业境外上市的行为有待从制度上加以规范。网络数据信息安全风险突出，少数企业甚至存在严重违法违规收集使用用户个人信息问题，给国家安全带来隐患。垄断与资本无序扩张的突出问题迫切需要加以解决。

从推动平台经济规范健康持续发展的角度，一方面，我们要继续充分发展平台经济、鼓励我国企业补上与国际平台企业相比存在的发展短板；另一方面，将规范和发展、发展与安全并重，从解决监管体制不适应、纠正企业发展不规范入手，消除存在的风险。尤其需要将平台经济企业从事的所有金融业务纳入金融监管，这是由金融业务的风险性、涉众性、传染性和溢出性所决定的，这也是金融监管部门的主要责任。平台企业金融业务以外的金融活动，比如境外上市、兼并收购和投融资活动，也要在完善的治理体系内有序开展。平台经济治理的安全和竞争原则是，维护国家安全、公平竞争、金融稳定、鼓励企业创新、避免企业受到歧视和保护消费者，这一原则与平台垄断国际治理经验所体现的原则是一致的。

（作者系北京大学经济学院金融学系副主任、教授）

人工智能，科技准备好了，我们呢？[1]

王 熙

近年来，以深度学习、强化学习为代表的人工智能技术从语言翻译、图像识别、工业自动化等工程技术领域，拓展到智能生产、智能农业、智能物流、大数据宏观经济监测、量化投研等经济、金融范畴，可谓应用广泛。

人工智能技术具有处理高维数据的先天优势，可以通过表征学习、价值函数近似、特征选择等方式避开传统分析方法的诸多限制，获得更好的预测和决策效果。为了使人工智能技术达到令人满意的预测和决策效果，研究人员往往需要投入大量的数据资源。这一技术特性使得数据资源成为关键性生产要素。在大数据、智能化、移动互联网、云计算等日渐普及的背景下，人工智能技术作为提供信息产品和信息服务的底层技术，也是工业经济逐步向数字经济转型的关键。

一、人工智能算法是什么

人工智能算法大致可分为监督学习、无监督学习与强化学习。其中，监督学习通过不断训练程序（模型）从人类已有经验中学习规律。在这一类机器学习中，研究人员会通过标记数据的方法，不断调整模型参数以达到学习目的。类似于父母会向孩子展示不同颜色、大小乃至种类的苹果，教会孩子认识"未曾见过"的苹果。这便是监督学习的目的：样本外预测。

---

[1] 原文发表于《光明日报》2022年08月18日第16版。

企业创新：资源优化，守正创新

无监督学习则通过训练程序，使机器能直接从已有数据中提取特征，对信息进行压缩，用于完成其他任务。如传统的主成分分析，可以将高维特征使用低维度向量近似。例如，我们可以使用主成分分析技术压缩图片，以达到节省储存空间的作用。因此，这类机器学习算法并不需要以往的经验，也被称为无监督学习。

当然，无监督学习与监督学习之间并不是彼此对立的关系，对于存在部分标注的数据，我们也可以使用半监督学习算法。比如最近比较流行的对抗神经网络——我们可以使用该算法学习一系列甲骨文后，令它生成多个足以以假乱真、却从不代表任何意义的"甲骨文"，相当于计算程序"照虎画虎"却不知为虎。

强化学习与监督学习算法不同，强化学习是动态优化的延伸，而监督学习则与统计学更为接近。强化学习通过使智能程序不断地与环境交互，通过调整智能程序的决策参数（过程）达到最大化其累积收益的目的。强化学习是最接近于人类决策过程的机器学习算法，类似于让一个智能体无限、快速地感知世界，并通过自身失败或者成功的经验，优化自身的决策过程，在这一过程中计算机程式并不需要老师。当然，强化学习也并不能完全同监督学习割裂开来。比如 AlphaGo 就是通过强化学习手段所训练的计算程序，但在 AlphaGo 训练的第一阶段，研究人员使用了大量的人类玩家棋谱供 AlphaGo 模仿学习，这里人类已有经验类似于老师，但是在 AlphaGo 的升级版本 ZeroGo 中，模仿学习已经完全被摒弃。

为了使人工智能算法拥有普遍适用性，我们往往需要大量数据、算力以及有效的计算算法。大量数据相当于我们聘请了一个知识渊博的老师指导计算机程序，高额算力则会赋予计算机程序更快学习到知识的能力。人工智能研究领域一个重要的方向，是不断开发能更有效利用既有数据和算力的计算算法，相当于为计算机程序提供更好的学习方法和路径。因此，数据标注、云计算、芯片设计与算法开发，可谓人工智能行业的核心部分。

二、人工智能技术对社会经济带来什么影响

事实上,人工智能技术作为学科起源于20世纪50年代,"人工智能之父"约翰·麦卡锡(John McCarthy)等人在50年代提出人工智能;决策树模型起源于50—60年代;当前广为应用的神经网络模型、Q学习强化学习算法则起源于80年代。但人工智能技术要想达到媲美人类决策的精准度,需要大量训练(经验)数据和高额算力,因此直到2000年以后,人工智能技术才得以实现跨越式发展。

在大量数据与高额算力的加持下,部分人工智能技术已可替代人类做出大规模的精确决策,也取代了越来越多的人工岗位。从目前的影响来看,一方面,机器学习应用的确替代了部分传统劳动力,产生了劳动挤出效应:自动化机器人让生产流程趋于无人化,自然语言处理技术可较好地完成大部分的翻译乃至信息提取工作,机器学习算法甚至能更准确地定性小分子化合物性质,在一定程度上减轻了大规模重复性工作所需要的劳动力和时间消耗。

另一方面,同此前历次技术革命一样,机器学习的兴起在提高社会生产效率的同时,也为社会创造了全新的工作岗位。从工业革命诞生以来,汽轮机代替了马夫、车夫,纺织机代替了纺织工人,有线电话、无线电报代替了邮差,电子计算机通过代替手摇计算机,节省了大量手工演算。但需要注意的是,每一次的科技进步并没有造成社会大量失业,反而会通过提升传统行业生产效率和技术革新改变原有社会生产组织结构、产生新的业态。科技进步在改变行业企业生产技术的同时,也在改变传统行业工作内容,新的岗位需求随之产生。

和任何其他的技术创新一样,机器学习技术对于不同行业、不同岗位均存在不同程度的影响。对于那些从事生产流程化较强的岗位,机器学习的冲击无疑是颠覆性的。但对于那些需要统筹、创新、互动类的岗位,机器学习在当前阶段尚无法构成显著冲击。

此外，我们也需要意识到，人工智能算法当前依旧不能达到"智能"水平。任何一项技术都伴随安全风险，人工智能算法本身同样存在风险，如大部分监督学习算法尚无清晰的逻辑生成过程，这不仅使研究人员无法对算法进行有效干预，也使人工智能算法在训练和预测阶段变得不那么稳健。举一个简单的例子，在一个分类算法中，我们在一张三寸大小猫咪照上改变一个像素点，就可能使计算机算法将猫咪识别为其他物品，这类做法被称为逆向攻击，涉及人工智能技术风险。

人工智能，科技准备好了，我们呢？

如同其他新兴行业发展初期一样，由于前期监管未及时到位，部分企业会不当利用其在数据、算力和算法上的前期优势，导致出现人工智能技术滥用、部分头部企业垄断性经营、隐私数据泄露甚至是过度依赖算法决策引发的企业运营风险等，这便是人工智能技术的应用风险和衍生风险。

因此，如何发展引领这一战略性行业成为当下的重中之重——我们需要思考如何在经济智慧化转型期间发挥好政府的社会兜底功能，如何在私营行业的算力和科技水平超过监管机构时规范其运行等问题。

三、与智能技术革命长处之道在哪里

我国要加强研发投入，统筹行业发展、实现核心行业引领，把握人工智能技术主导权。人工智能已成为事关国家安全和发展全局的基础核心领域。当前，我国人工智能发展虽总体态势向上，但在基础研究、技术体系、应用生态、创新发展等方面仍存在不少问题。因此，以学科交叉、应用转化为抓手带动人工智能领域的基础研究，加大相关研究财政投入力度、优化支出结构，对投入基础研究的企业实行税收优惠等措施，均有助于统筹行业发展。集中力量加强人工智能核心领域（如算法和芯片）的原创性、引领性攻关，可以更好地把握人工智能技术主导权。

前置化、专业化、灵活化行业与技术监管，可以更好规范行业发展，营造良好的数字环境。一方面，人工智能行业会产生垄断、多元化、隐私和伦理方面

的负面影响。因此，实现底层算法监管可以有效防范不透明自动化决策、隐私侵犯等人工智能相关与衍生风险。另一方面，当前人工智能行业发展正处于技术创新和产业增长的爆发期，在不断给社会经济带来发展红利的同时，其应用形式和伴生业态的灵活性也意味着监管框架和思路也要随之调整，方能进一步发挥技术进步带来的红利。此外，我们需要配备更加专业的行业监管队伍，以人工智能技术赋能人工智能监管，前置化、专业化、灵活化规范人工智能行业，根据不同人工智能产业发展实际状况差别，灵活制定监管框架和执行规范，减少人工智能技术发展和应用面临的不必要障碍，营造良好数字环境，进一步打造我国人工智能行业核心竞争力。

深度融合实体经济、发展数字经济、探索新型业态。人工智能技术作为数字经济发展环节中的核心技术，可以有效将数据生产要素转化为实际生产力。智能技术与实体经济各领域深度融合所带来的生产效率提升以及生产范式改变，是我国宏观经济转型升级的重要驱动力。因此，深度融合实体经济应是人工智能行业发展的一大目标。基于人工智能技术探索新业态、发展新模式，推动传统产业转型升级从而加快生产要素跨区域流动、融合市场主体，畅通国内外经济循环，也是充分立足并发挥我国全产业链优势、布局数字经济优势行业的必然需求。

充分发挥市场能动性，实现人工智能行业的产、学、研并举。人工智能技术的长期健康发展，离不开良好的市场环境和产业配套。微观主体能够有效嗅到商机，市场经济在挖掘新业态、探索新模式方面具有相对优势。但人工智能行业作为典型的知识密集型行业，前期需要大量研发工作并培养大批专业技术人员。而高等院校、科研院所在人才培养和技术创新等环节具备相对优势，是人工智能产业链条上的重要核心力量。因此，我们要以市场需求为主导，有机结合企业、高校、科研机构，形成职能和资源优势上的互补协同，为智能行业发展提供基础配套。我们要以经济效益为抓手，调动高校科技人员积极性，促进科技成果向现实生产力转化，打造人工智能行业的健康可持续发展生态。

完善社会保障体系，推进个体发展与技能培训再就业系统。在大规模机器学习技术获得应用的背景下，劳动力自身的主观能动性、个体创新力、统筹思考能力等对社会经济发展和个人发展都极其重要。但在传统劳动力供给与新兴劳动力需求之间依然存在技术鸿沟——传统劳动力无法胜任新兴行业的岗位需求。在这一背景下，如何切实推进个体发展与技能培训的再就业系统以有效填平技术鸿沟，如何调整社会保障体系使之对跨部门再培训、再就业更具适用性，如何兜底民生、切实改善社会福利等问题，值得我们进一步思考和探索。

（作者系北京大学经济学院助理教授、研究员）

科技创新与高质量发展

王大树　高　珂　李寒湜

李克强总理在2022年《政府工作报告》中对今后工作提出的第五项要求是"深入实施创新驱动发展战略，巩固壮大实体经济根基。推进科技创新，促进产业优化升级，突破供给约束堵点，依靠创新提高发展质量"。

过去，我国主要依靠生产要素，特别是廉价劳动力的大量投入和外延式增长来使经济规模迅速扩大，由于生产要素长期集中于中低端产业，中高端产业发展相对滞后，形成了中低端产品过剩与中高端产品短缺并存的局面。全面建成小康社会以后，人民群众的需求不断升级，"十四五"时期，我国经济的主要矛盾集中在供给侧，供给不能满足需求升级的变化，不能适应人民对美好生活的向往和追求。扭转这种局面必须从供给侧发力，坚持供给侧结构性改革这条主线，通过产业高级化和产业链现代化来推动高质量发展。

推动产业升级和高质量发展，增强经济创新力和竞争力，是当前确定发展思路、制定经济政策、实施宏观调控的要求。遵循这一根本要求，我们必须适应新时代、聚焦新目标、落实新部署，推动经济进入高质量发展阶段，为全面建成社会主义现代化强国奠定坚实的物质基础。

以前，我国供给侧是靠投入资源、资本、劳动力等生产要素来推动的，需求侧"三驾马车"主要靠投资和出口，这是典型的要素和投资驱动的粗放型驱动方式。经济进入新常态以来，劳动力不像以前那样丰裕，资源环境约束凸显，不能还是走增加传统要素和投资的粗放发展老路，而要迫切需要寻找新的动力源，形成动力变革。

企业创新：资源优化，守正创新

根据发展经济学理论，经济增长的真正动力主要有三大源泉：资本、劳动力和技术。在技术水平既定的条件下，资本扩张和劳动力增加不可能带来永久增长，假以时日总会遇到"天花板"；唯有科学技术进步提高生产效率才可能为增长提供取之不尽、用之不竭的动力。所以，要从过去的要素和投资粗放投入转换到以创新为第一动力的机制。

创新是指把新的生产要素或者生产条件的"新组合"引入生产体系，这涉及科技创新、商业模式创新和组织管理创新，而科技创新是其中最为核心的部分。

科学技术是第一生产力。科技是国家强盛之基，创新是民族进步之魂。高质量发展最根本的是通过科技创新来破解发展难题，塑造发展新优势。突破一项关键技术能够创造一个细分行业，进而盘活整个产业，最终对国民经济形成积极的带动作用。作为引领发展的第一动力，创新既可以为供给侧结构性改革提供动能驱动，又能为质量变革、效率变革、动力变革贡献供给支持。

创新有两种，一种是模仿创新，我们以前正是这样做的：国内企业以引进国外先进技术设备和服务作为技术改造升级的主要手段，技术进步的路径是引进、消化、吸收、模仿、再创新。这样的好处是技术进步可能比较快，但缺点是对国外技术的依赖程度高。需要注意的是，顺风顺水的全球化目前已经逆流涌动，我们同外国的关系已经从互补合作变成竞争合作，美国动不动就挥舞"制裁"大棒来威胁各国，这已经敲响了警钟。另一种是自主创新，即把创新链的各个环节掌握在自己手中，独立自主地通过原创性突破，掌握独门绝技，站上科学技术制高点。我国有世界工业门类最齐全、规模最大的工业体系，并且拥有1.3亿户市场主体和1.7亿多受过高等教育或拥有各类专业技能的人才。进入工业化后期以来，我国已具备提升高技术整机和成套设备国产化的能力，现在来看，能模仿的都模仿得差不多了，必须走自主创新的道路，在关键领域取得原创性或基础性的重大突破，在全球技术竞争中登上制高点才能实现高质量发展。

独立自主是中华民族精神之魂，是我们立党立国的重要原则。高质量发展的本质特征是高水平的自立自强,这是根据外部环境变化和全面塑造发展新动力的客观要求。我国拥有 14 亿人口,其中 4 亿多属于中等收入群体,这是全球最大规模、扩张潜力巨大的消费市场,人民日益增长的美好生活需要和产业供给之间的互动会牵引产业随之转型升级,从而使经济进入更高发展阶段。所以,必须发挥科技创新的引领作用,通过全要素生产率的提升来推动经济高质量发展。要充分利用我们超大规模国内市场的优势打造全球最佳创新转化应用地,为实现科技自立自强提供强而有力的体制机制保障。在核心技术方面,我们同发达国家的总体差距在缩小,但基础科学研究短板依然突出,同国际先进水平的差距还比较明显,还存在不少卡点和堵点。必须把科技创新放在首要位置,把科技自立自强作为国家发展的战略支撑,集中力量在那些有被"卡脖子"风险和被"脱钩"可能的领域建立和提升自立自强能力,打通经济循环的瘀点和堵点,接上断点,贯通生产、分配、流通、消费四环节,提升供给体系对国内需求结构的契合度,把技术进步的主动权抓在自己手中,促进创新引领从量的积累变为质的飞跃,从点上突破变为系统提升,实现整体科技水平从跟跑向并跑甚至领跑的根本性转变。抓住扩大内需这个战略基点,扭住深化供给侧结构性改革这条主线,把扩大内需战略同供给侧结构性改革有机结合起来,把供给侧结构性改革和需求管理密切结合起来,实现供给与需求相互促进、投资与消费良性互动,使生产、分配、流通、消费更多地依托国内市场,改善供给质量,同时注重需求侧管理,提升供给体系对国内需求的适配性,从而形成需求牵引供给、供给创造需求的高水平的动态平衡。

(王大树系北京大学经济学院教授;高珂系北京大学经济学院博士后、山东省人民政府发展研究中心研究员;李寒湜系国务院国资委研究中心企业改革研究处副处长、副研究员)

优化要素配置，助力乡村振兴

闫　雨

李克强总理在 2022 年《政府工作报告》中提出，"大力抓好农业生产，促进乡村全面振兴。完善和强化农业支持政策，接续推进脱贫地区发展，促进农业丰收、农民增收"，这是农业转型升级发展的纲领指南。

改善民生、实现共同富裕，是社会主义的本质要求。没有农村的小康，特别是没有贫困地区的小康，就没有全面建成小康社会。

中国粮食生产面临尖锐矛盾，即粮食需求量不断增加、生态压力不断增大、生产成本不断提高、粮食进口量不断增加。我国综合农业现代化水平不高，多数农村地区产业结构严重不合理，主要表现在农业生产效率偏低，农产品加工业技术含量不高，现代农业服务业、农业数字经济发展严重滞后。究其原因，在于乡村振兴需要的现代化技术、人才和资金投入不足，农村产业发展的整体质量偏低。

鉴于我国农村面积广大、人口众多，农村发展的差异性和多样性特征明显，城乡发展不平衡、大量乡村凋敝、生态环境恶化、传统文化衰落、农村社会治理难度加大等现实问题始终存在。这导致在我国农业转型升级进程中，农村劳动力倾向于向城市转移，新型经营主体的成长缓慢，现代生产要素不能充分替换传统要素，农业生产要素质量、农业全产业链各环节协同需根本性提升，整体效率有待提高。

当前发展不平衡最大的短板和最艰巨繁重的任务在农村，实现现代化最广泛、最深厚的基础也在农村。乡村振兴在产量增加、生态改善、效益提高、新型基础设施建设、新型城镇化等方面存在最大的潜力和后劲,寻求投入和代价最低的技术与粮食生产模式,形成"人—地—产—村"融合发展模式。

无论是乡村综合环境的整治、乡村产业的振兴,还是乡村文化的繁荣,首要条件在于创新资源的输入。乡村振兴离不开城市资本、人才、信息、技术等高端要素的参与,推进新时代各类创新创业要素加快向乡村流动,推进以公共服务设施为代表的新型基础设施向农村延伸,改善农村综合生产生活条件,提高城乡要素市场一体化水平,破除创新要素向农村流动的障碍,增强要素流动的自由性和便利性,乡村就将成为新时代创新创业的载体和热土。

促进生态、健康、绿色化、智能化要素进入美丽乡村建设。加快推动数字农业布局与发展,结合元宇宙等新兴技术提升现代农业,实现全产业链、全供应链各环节的智能化应用,实施精细化农业,依托农业科技创新示范区大力推进智慧农业应用场景建设。促进农业现代化和农旅文融合发展,鼓励引导社会资本通过PPP模式参与文旅融合项目建设,加强数字技术、电商平台与农业生产对接,激发内生动力,实现从"输血"到"造血"的转化。

农业资金在农业产业结构升级中具有导向性作用。农业本身是弱质产业,对于农业资金投入来说,需要一定的时间才能显现出农业投资的效益,因此,要有适当的政策倾斜,国家要通过相应的财政政策鼓励、税收减免和基金扶持等政策提升农业生产的积极性。结合我国农业生产发展实际,向农业资源保护领域倾斜,有计划、分步骤地提供一定的信贷与金融支持政策,对农业贷款给予一定的利率优惠,构建多元经营主体共享发展机制,增强投资主体的积极性,促进产业链转型升级。

从当前来看,全球农业产业竞争已经进入全产业链的比拼,因此,我国应该从"农业全产业链"的战略高度将新增补贴和支持覆盖到生产前的农业科研与生产后的产品加工环节,优化农业要素在产业链不同环节的配置,保障农产品的数量、质量和生态安全,最终增强我国农业体系的国际竞争力。

(作者系北京大学经济学院国内合作办公室主任)

尽快启动参量式养老制度改革，推进个人养老金制度

陈　凯

李克强总理在2022年《政府工作报告》中多次提到和"养老"有关的内容。的确，随着我国社会经济的发展和居民收入水平的提高，人们对生活水平的要求也逐步提升，对未来退休后的养老生活关注度也越来越高。这使得养老问题成为每年"两会"中各地代表和老百姓最关注的问题之一。中国国家统计局发布了2021年中国经济数据，经最终核实，全年GDP 1 149 237亿元，按不变价格计算，比上年增长8.4%，两年平均增长5.1%。这一成绩是对我国经济稳步发展的肯定。在新冠疫情的影响下，中国的GDP仍然保持了较好的增长态势，经济水平保持持续恢复发展态势。

然而，人口结构方面的数据却给我们敲响了警钟，2021年中国全年出生人口1 062万，人口出生率为7.52‰；死亡人口1 014万，人口死亡率为7.18‰；人口自然增长率为0.34‰，人口净增长仅有48万人。人口净增长这一数据创下近年来的新低。中国自"两孩"政策放开之后，出生率并没有达到预期的增长幅度，这造成人口结构出现了较为明显的失衡。这一失衡在企业职工基本养老制度中的体现尤为明显。根据《2020年度人力资源和社会保障事业发展统计公报》的数据显示，2020年年末全国参加城镇职工基本养老保险人数为45 621万，其中，参保职工32 859万人，参保离退休人员12 762万人，制度内抚养比为2.57。这意味着每2.57个参保人员的缴费就要支持一个退休人员的收入，制度内的抚养压力持续升高。在此基础上，2022年的《政府工作报告》中再次强调要提高基础养老金的标准，这对未来养老保险基金的支付

压力和可持续发展都带来了严峻的挑战。虽然目前的社保基金结余滚存结余仍有4.8万亿元,短期内支付不存在任何问题,但随着人口结构的不断恶化,制度抚养比会继续降低,基金结余仍有被耗尽的风险。自1997年城镇职工基本养老保险制度改革以来,我国的养老保险制度逐步成熟,但制度参数仍然是25年前的标准,不再适应当前的经济水平和人口结构,因此需要尽快调整现有养老制度的核心参数,启动参量式的改革。笔者认为我国养老基金改革主要有几个方向:

首先,待遇调整标准。我国现有的基本养老保险缴费水平已经处于较高的水平,几乎没有向上调整的空间,但绝对领取水平和替代率并不算高。正因为如此,政府才连续多年提出上调基础养老金的标准。然而,一味地盲目上调对养老基金的可持续能力却是大大不利的。虽然养老金近些年不断上调,但上调标准过于主观,而且一直处于一个较高的水平,这对养老保险基金未来的偿付能力造成了很大压力。养老保险待遇调整一方面要能够保障退休人员的实际生活水平有所提高,符合共享经济发展成果的要求,另一方面要能够适应当前经济环境,保证养老保险基金可持续承受能力。满足这些条件的待遇调整安排才是可持续的。

其次,提高统筹层次。长期以来,我国不同区域的经济发展失衡较为严重。一些省市经济发展较好,职工工资增长速度也较快,这样以工资为基数征缴的基本养老保险收入也会更快地增长。同时,经济快速发展会给这些省市积累更多的财力,从而降低养老费率,给企业更多的补贴,形成良性循环。而经济发展不好的省市则正好相反,政府财力不足,企业压力更大,形成恶性循环。这种经济发展的不平衡造成了不同区域人口结构的不平衡。大规模的年轻劳动力从经济不发达地区向经济发达地区流动,而老年人则留在了经济不发达地区,经济不发达地区的老龄化趋势进一步恶化,养老保险体系岌岌可危。2022年《政府工作报告》中明确提出要"稳步实施企业职工基本养老保险全国统筹"。通过建立国家统筹层面的养老体系。由国家来统一调配养老基金,解决区域不平衡问题。自2018年起,政府已经为养老保险实现全国统筹做了一系列的过渡性工作。例如,中央调剂制度、省级统筹试点、国有资产划转、社保费用由税务机关统一征缴等。这些工作为我国实现基本养老保险的全国统筹打下了良好的基础。未来全国统筹实施之后,养老保险基金可以在全国范围内流动,不仅将增加养老保险基金的可持续性,还可以缩小不同区域间的养老保险水平。

最后,延迟退休年龄。在2021年出台的"十四五"规划纲要当中,已经明确指出,要实施渐进式的法定延迟退休年龄,基本原则是小步调整、弹性实施、分类推进、统筹兼顾。从2022年一些省市的政策中,我们已经看到了一些改进。例如,江苏省在3月1日开始实施的《江苏省企业职工基本养老保险实施办法》中明确提出了推迟退休的有关做法,"经本人申请,用人单位同意,报人力资源社会保障行政部门备案,参保人员可推迟退休,推迟退休的时间最短不少于一年"。这种有一定弹性的延迟方式可以给居民更多的自由度,尤其是对于办公室的行政人员和白领阶层而言,在50—60岁时身体条件通常较好,延迟退休几年并不会有工作强度的明显提升,累积的工作经验也能发挥较大的作用,还会因为工作年限的延长而获得更高的收入和养老金。可以说对个人和养老保险制度起到了双赢的效果。

除了基本养老保险制度的参量调整,2022年《政府工作报告》中还强调"继续规范发展第三支柱养老保险"。我国的养老保险体系采用的是国际上比较常见的三支柱结构,包括第一支柱基本养老保险、第二支柱企业年金和职业年金以及第三支柱个人养老保险。自2018年第三支柱的个税递延型商业养老保险试点以来,其效果并不理想。主要问题还是在于吸引力不足。此次《政府工作报告》中专门提出"第三支柱养老保险",可见政府对这一问题的重视程度。未来有望将个人养老保险制度扩大到全国范围,同时,养老理财、养老储蓄的试点范围也将进一步扩大。这对于个人而言,在家庭理财的资产配置中,将加入个人养老的部分,实现从家庭财富到养老财富的过渡。在第三支柱的制度选择方面,除了原有的养老保险产品,中国银行保险监督管理委员会①还在 2022 年 2 月 25 日发布《关于扩大养老理财产品试点范围的通知》,其中强调了养老理财长期性、稳健性和普惠性的特征,丰富了第三支柱的投资选择。在中国老龄化程度不断加深的背景下,养老理财产品对投资者将更有吸引力。未来如果能进一步推动个人养老金账户发展,将养老保险、养老理财、养老储蓄等相关产品融为一体,居民可以选择适合自己风险承受能力和退休计划的产品进行投资,这将是我国养老第三支柱的未来发展方向,也是我国养老保障体系的未来发展方向。

随着人口老龄化的加剧、人口年龄结构的恶化,我国的养老保险制度已经到了一个关键的时点。无论是基本养老保险制度还是个人养老保险制度,都需要尽快做出改革上的突破。

这一突破宜早不宜迟。

(作者系北京大学经济学院副教授)

---

① 2023 年在此基础上组建国家金融监督管理总局。——编者注